의사 박인숙의 국회노트

대한민국 의료의 과거, 현재, 미래

박인숙 지음

목차

들어가는 글 ··· 3

1. 대한민국 의료 : 역사, 성과, 딜레마 ·· 4
2. 필수의료 : 문제점, 대책 ··· 11
3. 건강정책심의위원회 ··· 30
4. 의대신설 반대, 의대정원 증원 반대 ·· 43
5. 의사 면허국 신설 ·· 68
6. 의료의 지역 간 불균형 ··· 72
7. 한방대책, 의료일원화 ·· 74
8. COVID-19 ··· 104
9. 의료인 폭행 방지 ·· 125
10. 경찰병원 사건 ··· 132
11. 기타 글, 발언 ·· 139
12. 보건의료 관련 국회 토론회 개최 ·· 197
13. 국회 바이오경제포럼 세미나 개최 ··· 200
14. 약력 및 저서 ·· 204

들어가는 글

의료계가 시끄럽다.

국민은 불안하고 의사들도 불만이 많고 정부도 당황해 하고 있다. 그런데 아이로니칼 하게도 세계 통계에 의하면 우리나라 국민 평균 수명이 남녀 모두 거의 톱이고 그 증가 속도도 최고이다. 치료 가능한, 또는 예방 가능한 질병으로 사망하는 사람들의 비율도 세계 통계와 비교하면 매우 낮다. 암 치료 성적도 최고 수준이고 그 밖의 여러 분야에서 아시아는 물론 세계 의료계를 이끄는 분야도 여럿 있다. 국민 편에서 보면 의료 접근성, 비용, 의료의 질 모두 최고 수준이다. 그런데도 연일 언론에서 의사와 의료계가 맹 비난을 받고 있고 소위 '필수과' 의사들은 전공을 포기하고 인기 높은 다른 임상과로 옮겨가고 있다. 국민은 의사 수가 모자란다고 아우성이고 정치권은 모든 문제의 해결책이 새 의대를 만들고 의대정원을 늘리는 것이라고 주장한다. 이참에 많은 국회의원들이 저마다 자신들의 지역구에 '공공'의대 신설을 추진하고 있다.

이런 모순되고 안타까운 현상을 보면서 내가 전에 언론에 기고한 글들, 2012년 부터 8년 간 국회에서 발의했던 법안들, 발언, 언론 보도들을 되돌아 보면서 악화되는 의료 현장에 대한 답을 모색해 보고자 한다.

이 책의 내용은 공식 보고서도 아니고 논문 리뷰도 아니다. 오히려 나의 매우 주관적인, 또는 다소 과격하게 보일 수도 있는 주장이지만 지금 이미 실타래처럼 꼬인 의료계 문제들을 해결하는 데에는 '무모하다고 할 정도의' 과감한 대책만이 효과가 있을 것이기 때문에 용감하게 나의 생각들을 밝힌다.

이 책에서는 내가 국회에서 8년동안 발의하였던 287개(19대 140개, 20대 147개) 법안들 중

현 의료상황과 관련이 깊은 법안들만 뽑아서 소개하고 있으며 각 법안들과 관련된 기사들, 그리고 내가 여러 발표에서 보여주었던 자료들을 요약하였다. 국회에서는 흔히 여러 의원들이 발의한 비슷한 법안들을 한번에 모아서 논의하여 최종안을 도출해낸다(대안반영). 또는 논의조차 없이 임기만료 폐기되는 법안들도 있는데 이런 경우라도 정부에서 이를 인지하고 미흡한 부분을 스스로 고치기도 한다. 따라서 법안이 최종 통과되지 않았다고 완전 무의미 한 것은 아니다.

모쪼록 이 책이 보건의료정책에 대한 한 개인의 주관적인 주장을 넘어서 혼란스러운 상황에 처한 현 대한민국 의료계 문제들을 해결하는 데에 조금이라도 보탬이 된다면, 나아가서 국민 건강증진에 이바지 할 수 있다면 개인적으로 큰 보람이 되겠다.

2023년 10월

1. 대한민국 의료 역사, 성과, 딜레마

대한민국은 70여 년 전 건국 이래 한강의 기적과 함께 의료서비스의 기적도 함께 이루어 냈다. 그러나 지금은 그 동안 물밑에서 쌓여왔던 문제들이 한꺼번에 터지면서 '긴급 수술'이 필요한 시점에 도달하였다.

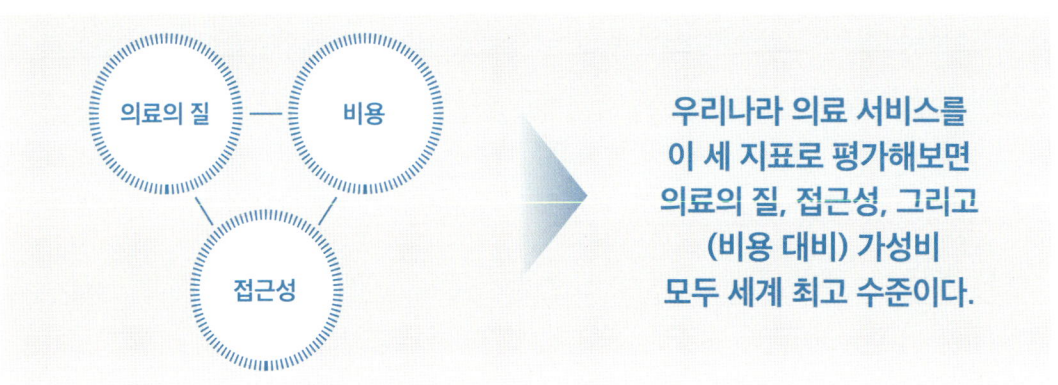

우리나라 의료보험 제도의 역사

1948	이승만 대통령 : 사회보험제도 시행 계획 발표
1961	박정희 대통령 : 의료보험제도 도입을 정책의제로 채택
1963	의료보험법 제정
1976	박정희 대통령 : 의료보험 강제가입 조항 삽입 개정안
1977/7/1	박정희 대통령 : 의료보험 실시 시작, **국민의 10% 부터 가입**
1989/7/1	노태우 대통령 : **전 국민 의료보험 ~ 100% 가입**

이 후 지속적 보험료, 급여, 급여종목 증가

전 국민 의료보험 가입에 걸린 기간

우리나라	**12년**
독일	127년
벨기에	118년
오스트리아	79년
일본	36년
미국	**대부분 사보험**

출처 : 개념의료. 박재영 지음. 청년의사 발행 2013년

우리나라 의료 어떻게 변해왔나?

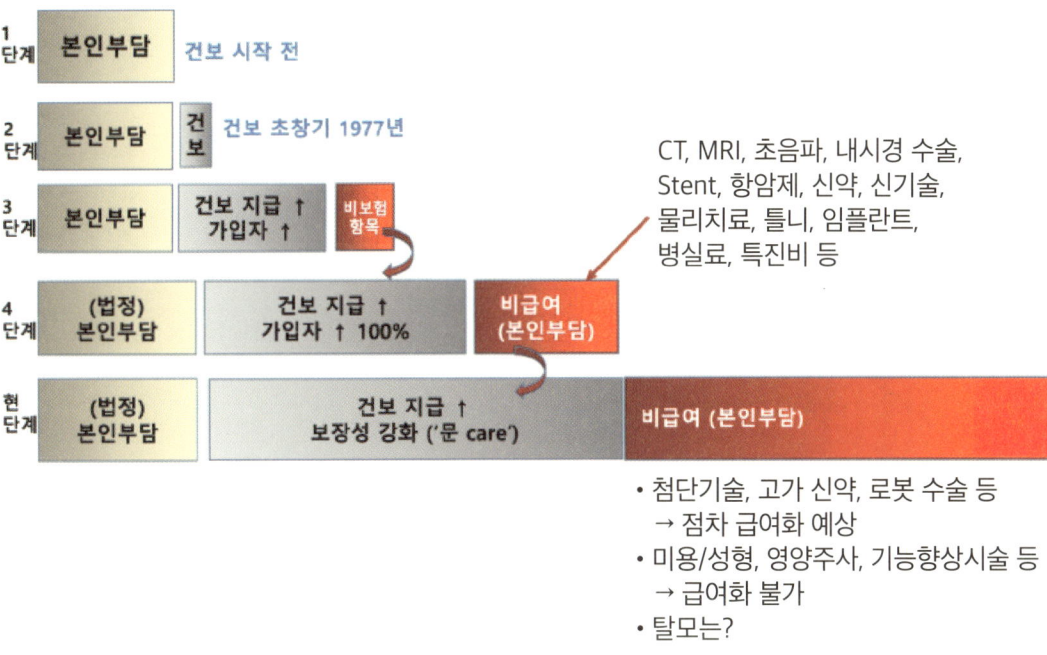

- 1단계   국가 건강보험 시작 전, 모든 의료는 자비 부담이었다. 의대 교수들도 저녁에는 개원이 가능했다.
- 2단계   1977년 7월 1일 건보 가입이 시작되면서 일부 국민이 혜택을 받았고 나머지 국민은 여전히 자비 진료를 받았다.
- 3단계   좀 더 많은 사람들이 건보에 가입함. 비 보험 진료가 많아짐
- 4단계   1989년 7월 1일 이후 전 국민이 건보에 가입함. 그러나 CT, MRI, 초음파검사, 내시경 수술, Stent, 항암제 등 신약, 신기술, 물리치료, 틀이, 치아 임플란트, 병실료, 특진비 등이 비보험, 본인부담으로 남음
- 5단계   '문케어' 보장성 강화 정책으로 4단계에서의 비보험 항목들이 대거 보험급여 안으로 들어옴. 그러나 고가의 신약, 로봇 수술 등 첨단 기술, 등이 여전히 비보험 항목으로 남게 됨. 아마도 이 들도 후에는 점차 건보로 편입될 수 있음.

현재 미용, 성형, 영양제/영양주사, 기능향상 시술, 줄기세포치료 등 은 전액 본인부담

대한민국 의료 어떻게 변해왔나?

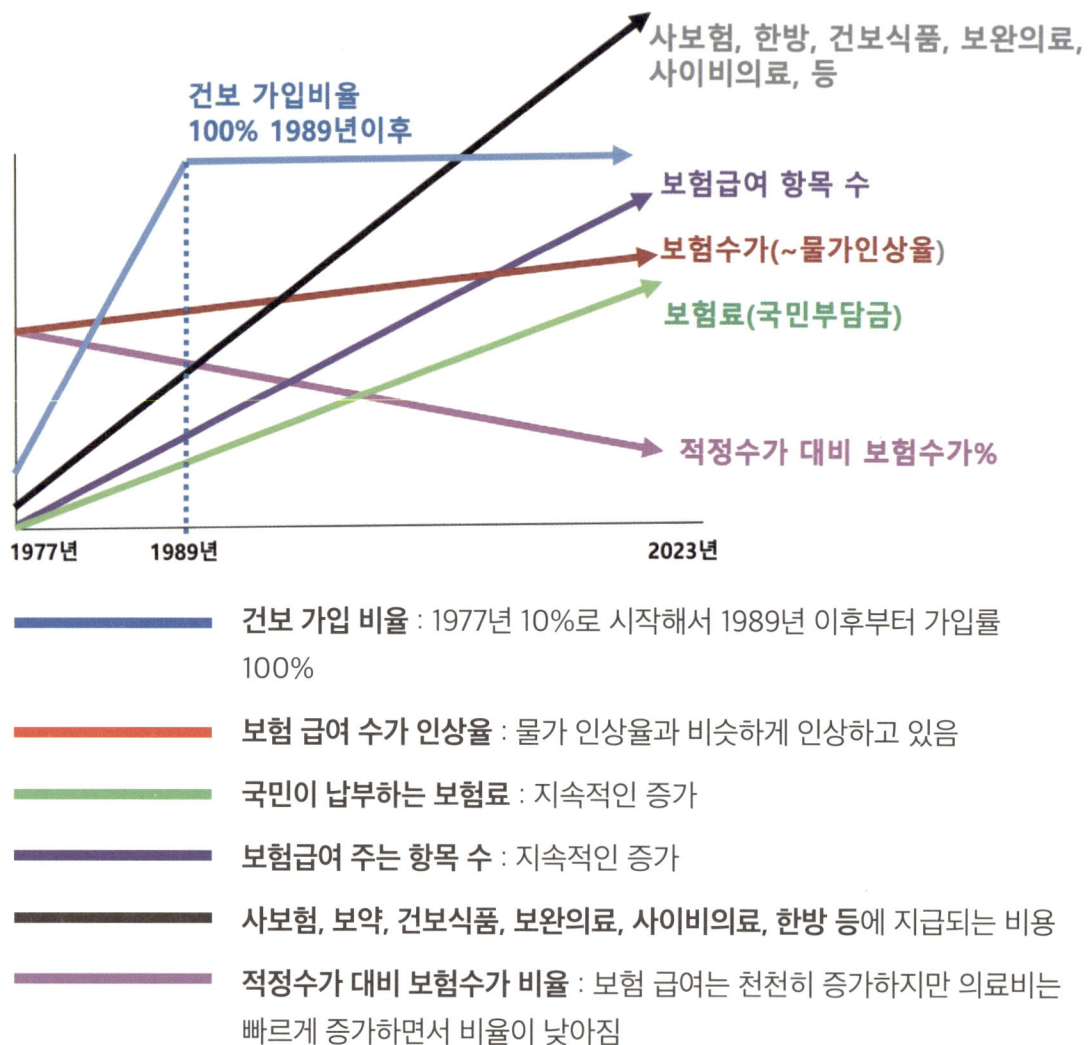

▬▬ **건보 가입 비율** : 1977년 10%로 시작해서 1989년 이후부터 가입률 100%

▬▬ **보험 급여 수가 인상율** : 물가 인상율과 비슷하게 인상하고 있음

▬▬ **국민이 납부하는 보험료** : 지속적인 증가

▬▬ **보험급여 주는 항목 수** : 지속적인 증가

▬▬ **사보험, 보약, 건보식품, 보완의료, 사이비의료, 한방 등**에 지급되는 비용

▬▬ **적정수가 대비 보험수가 비율** : 보험 급여는 천천히 증가하지만 의료비는 빠르게 증가하면서 비율이 낮아짐

매우 낮은 보험급여 수가의 부당성을 강조하기 위하여 만든 임의적인 그래프

 **'문케어'의 성적표** 박인숙 블로그 2022년 10월 29일

'문케어'의 성적표 '지속 가능하지 않은 국민건강보험'

지난 2017년 임기 초기 문재인대통령이 카대성모병원 로비에서 많은 의료진들 앞에서 '현란한 쇼' 같은 발표회를 열고 소위 '문케어'라고 부르는 건강보험 보장성 강화정책을 발표하였다.

당시 야당의원이었던 저에게 언론이 의견을 물었을 때 많은 우려와 의심을 가지고 있었지만 그래도 새 정권 초기에 많은 기대를 하고 있는 국민들을 실망시키는 발언은 자제하면서도, 이 제도의 부작용과 실천가능성에 대한 우려를 밝힌바 있다.

포퓰리즘 성격이 너무 강했고 재정적으로 지속 가능하지 않아 보였는데 향후 일어날 수 있는 다양한 변수들을 고려하지 않은 정책들이었다. 그런데 불행히도 나의 이러한 지적들이 모두 사실임이 이제 5년이 지나가면서 숫자로 밝혀지고 있다.

건강보험이라는 것이 근본적으로 많이 아프고, 많이 어려운 사람들을 도와주는 것이 목적인데, 문케어는 이런 보험의 본질적인 목적에 부합하지 않는 측면이 많았고 무엇보다 지속 가능하지 않아 보였다.

'문케어'에 지출된 건보 금액이 지난 5년간 해마다 급증하고 있다. 문케어 담당 직원도 2배로 많아졌다. 건보재정 통계, 악화의 원인, 대책을 표로 만들어 보았다.

참고자료 : 일간보사 22/8/11 송우철. 건강보험이 지속될 수 없는 이유, 조선일보 22/10/13

문 케어 5년 간 ('17~'21) 지원 금액/문제점 (총 지출액 18조 5963억)

비급여의 급여화 5 종류

1. 초음파　　　1조 8155억
2. MRI　　　　9942억
3. 상급병실료 (2,3인실)　　7855 억 (50~70% 건보부담 2018년 이후부터)
4. '특진비' 폐지보상　　2조 1713억 (경증환자가 대형병원으로 쏠림)
5. 간호 간병
6. 재난적 의료비 지원　　330억 (비급여 의료비의 50~80%를 3천만원 한도에서 지원)
   　　　　　　　　　　　 이 사업 총액이 2016년 550억 ⇒ 2019년 496억으로 감소함
7. 본인부담 상한제　　2조 1887억
8. 취약계층 부담 경감　　3조 4306억
   (아동 치아 레진충전치료, 노인 임플란트 등 시급성 & 효과성 논란이 있는 행위들 포함)

* 건보공단/심평원 ('문케어' 담당) 인건비 증가 ('17년 65명　'22년 134명으로 2배 증가)

보험료 인상 2017년 6.12% → 2023년 7.09% → 수년 내 법정 상한선 8%까지 인상 불가피

'문 케어' 5년 간 연도별 건보 지출액
(총 지출액 18조 5963억) *2025년 경 적립금 고갈 예상*

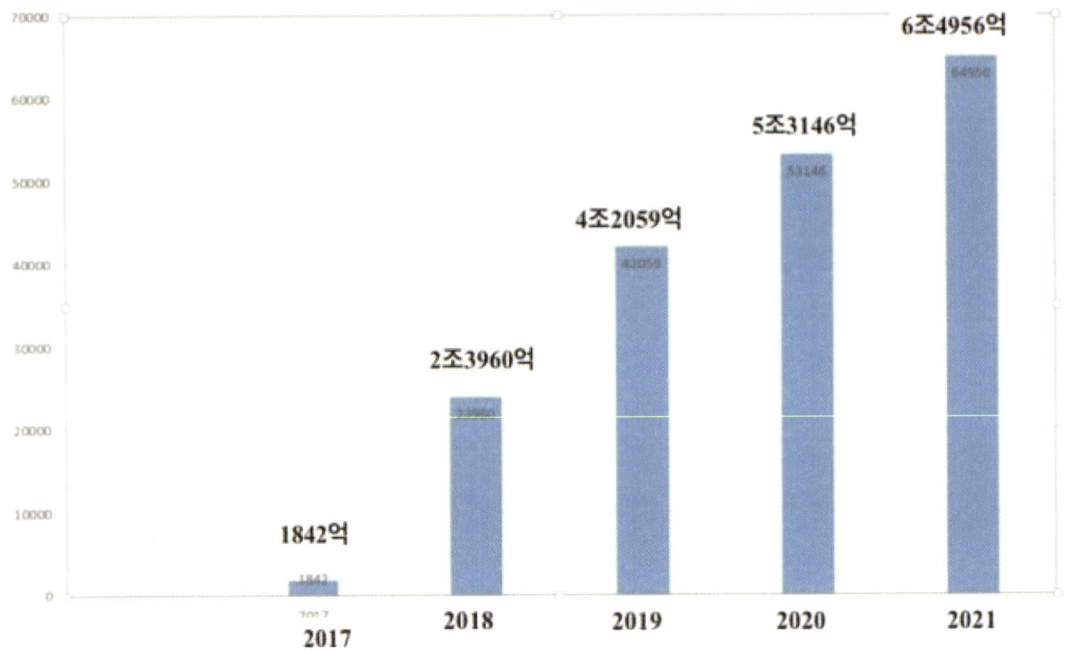

건강보험 지출 증가 요인	대책
1) 보장성 강화(비보험 의 보험화) 2) 의료기관 이용 증가 　1. 고령층 증가 　2. 만성병 증가 　3. 전염병 증가 　4. 신약, 신기술, (고가, 초고가)증가 　5. 의료비 증가	1. 필수의료 위주로 개편 2. 증증 위주로 개편 　덜 시급한 부분 줄여야 3. 건보료 부과체계 개편

보험수가 낮아 환자 줄면 운영 안돼

조선일보 2007년 7월 10일

의사들이 쓰는 병원이야기 <8> '짧은 진료' 없어지지 않는 이유
여유있게 진료하면 병원 도산할 수밖에…
환자들 대학병원에만 너무 몰려드는 것도 '5분 진료' 강요해

박인숙·서울아산병원 소아심장과 교수

최근 우연히 유방암 수술을 받은 40대 후반의 여성을 만났는데, 화를 풀지 못하고 있었다. 서울의 모 병원에서 지난달 암 수술을 받은 그녀는 수술 경과를 들으려고 병원을 다시 찾았다가 의사로부터 딱 세 마디만 들을 수 있었다고 했다. "괜찮아요?" "며칠 후에 오세요." "나가세요." 진료실에 들어서서 나오기까지 3분도 채 안 걸렸다고 했다. 항암치료는 어떻게 하고, 방사선치료는 언제 받는지에 관해 의사는 아무 말도 하지 않았다. 그에 관한 설명은 대신 간호사로부터 들었다. 그녀는 "비싼 선택진료비를 내고 진찰받는데, 왜 내가 간호사에게 설명을 들어야 해요"라고 목소리를 높였다.

자궁근종 수술을 받은 30대 초반의 여성도 같은 얘기를 했다. "왕복 10시간 걸려서 병원에 왔는데 고작 5분도 의사를 못 만나요"라고 했다. 김해에서 부산으로 가 KTX를 타고 서울까지 오가며 치료를 받는 중이었다.

이런 환자들의 하소연을 들을 때마다 나도 죄책감에 사로잡힌다. 우리의 의료 현실이 어쩔 수 없다고 답변해 주지만 그런 말로 위안이 될까?

사실 내가 진료하는 어린이 심장병 환자도 5분 간격으로 예약이 차 있다. 의사가 심장병이나 암 같은 중대한 질병을 5분 내에 환자나 보호자에게 설명할 수는 없는 노릇이다. 그러나 우리나라 의사들은 그러기를 강요받는다.

의사생활 33년 가운데, 미국 텍사스의 아동병원에서 14년간 의사생활을 할 때는 30분이나 1시간마다 한명 더 환자를 진료했다. 아이들의 심리상태, 학교생활, 가정생활까지 요모조모 물어보며 상담하고 치료를 하는 것이다.

1987년 귀국한 뒤 처음에는 나도 미국에서 하던 식으로 했다. 심장병으로 오랫동안 고생하던 여중생 심장병 환자의 어머니를 상담하던 일이 생각난다. 딸과 함께 진료실에 들어오면서 딸이 학교에서 '왕따'를 당하고 있다는 얘기를 들으면서 나는 어머니를 붙잡고 함께 울었다. 그러다 10여 분을 넘기자, 진료실 밖에서 웅성거리는 소리가 났다. 환자들이 "왜 진료시간을 안 지키느냐"고 항의하는 소리였다. 나도 불안해지고 그 어머니는 어쩔 줄 몰라 황급히 일어섰다. 환자가 묻는 대로 자세히 설명해주고 하소연도 듣고 싶지만, 우리의 상황은 그런 것이 아니었다. 다른 쪽에서는 왜 진료 예약시간을 지키지 않느냐고 항의하니 답답했다.

나와 함께 일하는 의사 중 한 명은 그래도 고집스럽게 환자를 10여 분 이상 진료를 한다. 환자들의 말을 일일이 들어준다. 이 때문에 그는 진료를 마치는 시간이 다른 의사들보다 2시간 이상씩 긴 오후 7시다. 환자들 사이에선 친절한 의사로 손꼽히는 그 의사는 병원에선 오히려 '이해 못할 의사'라는 소리를 듣고 있다고 한다.

이같이 5분짜리 진료가 되는 이유는 한마디로 환자 수가 많아야 병원을 운영할 수 있기 때문이다. 정부에서 주는 보험수가는 환자 1명당 고작 1만5580원(초진)이다. 이처럼 적은 금액으로 여유 있게 환자를 받다가는 병원은 도산할 수밖에 없을 것이다. 더 큰 문제는 환자가 대학병원에만 몰리는 것인데, 설령 환자가 아무리 대학병원으로만 몰려도 의사 수가 많다면 문제가 될 것이 없다. 하지만 어느 병원도 의사를 그렇게 채용할 여력은 없다. 비영리기관인 우리나라 병원들은 외국과 달리 기부금도 못 받고 정부가 지정해준 건강보험 수가로만 운영하기 때문이다. 사정이 이렇다 보니 진료환자 수에 따라 성과급을 지급하는 병원들도 나온다. 의사들을 5분 진료로 내모는 것이다. 대학병원의 '5분 진료' 같은 의료의 질을 개선하려면 사소한 질병으로 환자들이 대학병원에 오는 것을 제도적으로 막아야 한다. 정부는 대학 병원의 진료비를 차등화해 '5분 진료'가 아니라 환자와 의사가 여유 있게 인간적으로 만나도록 해야 한다.

2. 필수의료 문제점, 대책

'필수과, 바이탈과' 붕괴 : 원인

1. '바이탈과' 의료진의 **삶의 질이 나쁘다.**
2. (일의 강도에 비해) 낮은 수가, 낮은 수입으로 **상대적 박탈감**
3. 이런 분야는 **병원 투자가 어렵다.**
   장비, 인력 투자가 많이 필요한데 보험수가는 너무 낮아서 하면 할수록 적자 커진다.
   따라서 중환자실, 외상센터 등에는 의료진과 병상이 항상 부족하다.
   *정부가 이런 분야에 투자해야 한다. → 이것이 **공공의료**이다.
4. 수련 마친 후 **전공을 살리기 어렵다.**
   팀으로 일해야 하는데 대학/대형병원의 자리가 제한적이다.
5. 소송, 분쟁, 갈등, 의료진 폭행 급증 & **의료진 보호장치가 없다.**
   최근 더 악화되고 있다. 의료인에 대한 고소, 고발 남용, 정부의 '징벌적' 기소 남용,
   국민 '분노의 희생양'
6. 위험부담이 적고 수입도 많은 non-vital 분야 기회가 급증하고 있다 → 선택의 폭이 커짐
7. 젊은 의사들의 **가치관이 변화하고 있다.**

응급실 문제

- 응급실 과다 이용, 경증환자들, 응급 아닌 사람들 이용
- 응급실 의료진에 대한 폭행
- 술취한 사람들로 꽉 차기도, 주취 전담 응급실도 있다!
- 병실 대기 환자들
- 잘못된 응급실 평가 정책 : 환자 오래 머물면 낮은 평점을 준다

응급실 대책

- 응급실 의료진 처우 개선
- 응급의료 수가 개선
- 필수의료 사고처리 특례법 제정
- 경증환자 이용자제 제도 개선
- 치료 가능한 병원으로의 신속한 이송 시스템 구축(Control tower 필요)
- 응급실 평가 정책 개선

" 현장의 목소리를 들어야 한다 "

소아청소년과 붕괴 : 원인

2022년도 6개 임상과 전공의 충원률 (%)

소아청소년과 전공의 지원율 (%)

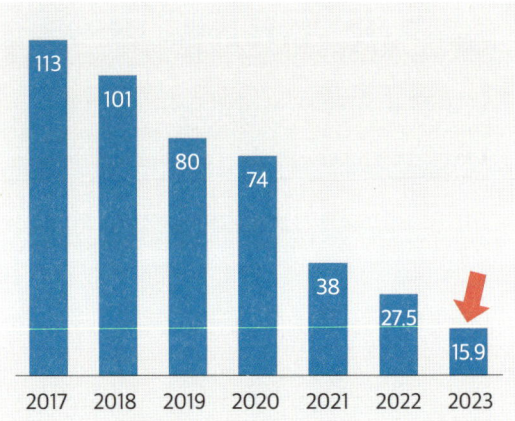

1. **저 출산**

2. **낮은 보험수가** → 본인부담 600원인 경우도

3. **비 보험 항목 없다** → 비 보험 항목이 많은 '비 필수' 진료과로 이동 증가

4. 진료, 시술, 투약에서 **어린이라는 특수성에 대한 배려 부족**
    - 진료에 더 많은 보조 인력이 필요
    - 기구나 장비도 나이, 체중 별로 여러 size 를 골고루 갖추어야 한다.
        → 비용도 많이 들고 실수의 위험이 높아진다.

5. **보호자 '갑질' 급증, '맘 까페' 로 인한 피해**

6. **신고, 소송 증가**

7. **목동병원 사건**은 큰 트라우마를 남겼고 소아청소년과 기피현상에 결정타를 주었다.

8. **온 가족을 만족**시켜야 한다.

9. 아이 환자 한 명에 **온 가족 무료상담 요구**하기도

필수의료 살리는 대책

- **건강정책심의위원회 구조개편**
- **건보 급여제도 개선** : 더 많이 아픈 사람에게 유리하게
- **건보 재정 확충** : 전체 예산을 키워야 한다
- **지역불균형 해소** : 지방 국·공립, 사립 의료기관의 인력, 장비, 시설 투자를 늘려야 한다. (중앙정부보다 지방자치단체의 투자가 필요)
- **의료사고 대책** : 필수의료사고처리특례법 제정 : 법적 보호장치, 의료사고 보험 등 의료진과 환자 보호가 필요
- **규제 개혁으로 의료산업 촉진** → 건강보험재정으로 투입
- **선택과 집중이 필요** : 특수 '바이탈' 진료분야는 전국에 십여개 미만의 (공공, 민간)병원으로 선택과 집중해야
- **응급실 대책** : 경증환자 이용 자제, 이송 시스템 구축

의사들 '바이탈 과' 못하게 내 쫓는 사회, 피해는 국민 몫

의학신문 2023년 8월 28일

박인숙 (전 국회의원, 울산의대 서울아산병원 소아심장과 명예교수)

[의학신문·일간보사] 최근 의료사고에 대한 일련의 판결이 주목 받고 있다. 의사들의 '바이탈 과 기피', '소아과 탈출' 같은 문제로 이미 빈사상태에 빠져 있는 필수의료가 법원 판결 탓에 더욱 벼랑 끝으로 몰릴 것 같은 불안감이 높아가고 있다. 문제되는 판결을 몇 개 들겠다.

① 대동맥 벽이 찢어지는 대동맥박리 진단을 놓쳐서 환자를 사망에 이르게 한 응급의학과 1년차 전공의가 징역 6개월에 집행유예 2년을 선고 받았다. 이 병은 수술할 수 있는 의사가 국내에 몇 되지 않을 정도로 흔치 않은 병으로 (최근 운명을 달리한 주석중 교수가 그 중 한 명이었다) 1년차 전공의가 진단을 놓쳤다고 징역형을 선고하는 것은 글자를 읽지 못한다고 갓 돌 지난 아기에게 회초리를 드는 것과 마찬가지다.

② 활로4징과 시미타 증후군이 복합된 복잡 선천성 심장기형의 재수술 도중 대동맥 관이 빠져서 과다 출혈로 뇌손상을 입은 아기의 부모에게 의사가 9억원을 배상하라는 판결이 나왔다. 복잡 심장기형은 대부분 두, 세번의 재수술이 필요한데 매 번 사망 또는 뇌손상의 가능성이 반복된다. 심장병 아기들의 수술은 의사의 손놀림, 기계 상태, 아기의 상태 등에 세심한 주의를 기울여야 하는, 초긴장의 연속이다. 어느 누구도 결과를 장담하지 못한다. 이런 복잡한 수술 과정을 의사가 거액의 손해배상을 해야 할 만한 잘못을 저질렀는지를 사후에 법원이 판단한다는 것 자체가 모순이다.

③ 염증으로 폐 일부 절제 수술을 받은 변호사의 경우를 보자. 수술 중 의사가 보니 염증 부위가 예상보다 커서 수술 전 환자에게 설명한 만큼의 폐만 절제하면 염증이 남아서 재수술이 필요하거나 후유증이 남을 것으로 판단했다. 그래서 더 넓은 부위의 폐를 절제했고 환자는 완쾌됐다. 하지만 환자는 절제 부위가 수술 전 설명과 다르다는 이유로 소송을 걸었고 11억 원을 배상하라는 판결이 났다. 그렇다면 수술 도중 환자를 깨워서 폐를 더 많이 절제해도 되는지 동의를 받고 다시 수술을 했어야 한다는 말인가? 만약 그랬다가 환자가 '수술을 불필요하게 두 번해서 환자에게 더 많은 고통과 비용을 전가했다'며 의사를 고발한다면 그땐 어떤 판결이 나올까?

이런 판결을 볼 때마다 심장, 뇌 수술하는 의사들은 '이제는 수술 그만해야겠다'는 생각이 들 수 있고 젊은 의사나 학생들은 이런 과를 선택할 생각을 접을 것이다. 의사는 신이 아니다. 그래서 모든 의료행위, 특히 수술같이 침습적인 행위에는 항상 위험이 따른다. 하지만 의료사고 판결은 대부분 의사가 전지전능한 존재여야 한다고 전제하는 것 같다. 작은 오류만 있어도 전지전능하지 못한 책임을 져야 하는 것이다.

황당한 판결의 원인은 이 밖에도 적지 않다. 첫째, 의사와 국민 간의 신뢰가 무너져 있기 때문으로 환자는 의사를 신뢰하고 존중하기는커녕 약 처방 조차도 의심의 눈초리로 바라본다. 둘째, 증거중심이 아닌 국민정서 중심 판결이 너무 흔하다. 의사는 항상 강자, 환자는 약자로 간주되면서 강자가 무조건 양보해야 한다는 정서가 영향을 미치지 않나 생각된다. 자칫 환자에게 불리한 판결을 내렸다가 여론의 지탄을 받을 것을 두려워하는 판사들이 있다. 셋째, 로스쿨 도입 후 변호사 숫자가 급증했고, 변호사 업계가 무한경쟁에 몰리다 보니 무분별한 고소 고발이 번지기 시작한 게 또 하나의 원인이다. 넷째, 판사들의 의료 관련 재판에 대한 역량 부족도 한 몫 하는 것 같다. 의료 분쟁은 다른 어떤 분야보다 증거 중심적이어야 하는데 증거들이 너무 전문적이다 보니 판사들이 합리적인 판결을 내리기가 쉽지 않다.

이런 문제들이 누적되면서 사법부에 대한 신뢰는 추락을 거듭하고 있다. 올해 영국 싱크탱크 레가툼이 발표한 공적기관 신뢰지수를 보면 우리나라는 조사대상 167개 국 중 100위에 머물렀는데 그 중 사법체계에 대한 신뢰는 더 낮아서 155위로 바닥이다. 환자를 위해 폐를 조금 더 절제했다가 11억 원을 물어내야 한다면 누구라도 흉부외과 전공을 고민할 것이다. 올 후반기 전공의 모집에서 심장흉부외과는 30명 모집에 단 1명이 지원했다. 필수분야에 의사들이 가지 않는 것은 국민 건강에 치명적이다. 멀지 않아 대동맥이나 폐 수술을 받고 소송을 걸었다는 소식을 듣기 어렵게 될지도 모른다. 전문의가 없어서 수술을 못하니 소송이 벌어질 일도 없는 것이다.

이제는 진지한 대책이 시급한 시점으로 의사와 국민 간의 신뢰회복은 물론 제도적 보완책을 생각해봐야 한다. 첫째, 의료 관련 판결에 판사가 도움을 받을 수 있는 전문가 풀의 제도화가 필요하다. 의사와 환자 누구에게도 치우치지 않는 공정하고 객관적인 시각을 가진 전문가가 증거조사에 참여할 수 있다면 판결이 정서나 감정에 휘둘릴 가능성도 줄어들 것이다. 둘째, 불가피한 의료사고에 대해 국가책임보상제도를 도입해야 한다. 의사가 최선을 다했지만 복잡한 상황과 여건이 초래한 의료사고인 경우 의사와 환자 모두가 난감할 수 밖에 없다. 의료사고 보험이 정착하지 못한 상황에서 정부가 어느 정도 보상을 책임져 주는 방식이라도 있어야 한다. 소송이 무서워서 산부인과나 흉부외과 의사 되기를 꺼리면 전문의 부족으로 수술을 못 받거나 분만할 곳이 없어서 입는 국민 피해는 더욱 클 것이다. 고난도 수술로 수 천 명의 생명을 살릴 수 있는 의사가 한 번 실수가 가져올 피해가 두려워 메스 들기를 포기한다면 손해는 국민 몫이다.

민주국가에서 어떤 전문분야든 대중의 감시는 필수적이다. 하지만 의사의 역할은 생명을 살리는 일이다. 생명 살리면서 부주의할까 봐 생명 살리는 일 자체를 못하게 하는 것은 곤란 하지 않겠는가? 이제는 시선을 의사에서 국민으로 돌릴 때다. 기본으로 돌아가서 국민의 생명과 건강을 지켜줄 가장 현명한 방법이 무엇인지를 고민할 시점이다.

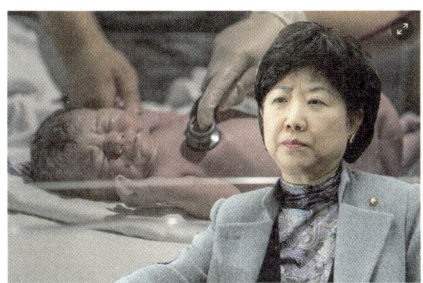

의사들이 소아청소년과 전공을 기피하는 이유   청년의사 2022년 12월 15일

소아심장 권위자인 박인숙 전 의원이 본 소아진료 공백 사태

박인숙 전 의원은 재선 의원이기 이전에 소아심장 분야에서 국내 1인자로 불린 소아청소년과 전문의다. 서울의대를 졸업하고 미국 텍사스주 휴스턴 베일러의대 부속병원인 텍사스어린이병원에서 소아심장과 조교수로 근무했다. 지난 1989년 귀국해 3월부터 서울아산병원 소아청소년심장과 교수로 근무했다. 박 전 의원이 쓴 <선천성 심장병>은 선천성 심장병 학계에서는 교과서로 불린다. 여성 최초로 울산의대 학장을 지내기도 했다.

소아청소년과 전공의 지원 급감은 '인구 붕괴, 국가 소멸'이라는 일련의 재앙의 하나의 표현형일 뿐이다. 근본 원인은 저출산이다. 모든 정부가 말로만 저출산을 걱정한다고 하면서 천문학적 세금을 쏟아 부었지만 백약이 무효이다.

정부가 내놓은 저출산 대책들은 젊은이들, 특히 여성들의 반발만 불러일으키곤 했다. 연간 출생아 수가 20만명대로 역대 최하이고 합계출산율도 가임여성 1명당 0.81명으로 세계 최하다. (이책의 발간을 준비하는 9월에는 0.778로 더욱 떨어짐, 게다가 감소 속도는 세계 최고이다) 이대로는 국가 유지 자체가 가능하지 않다.

결국 올 것이 오고야 말았다. 코로나19 팬데믹으로 소아진료 대란이 우려됐는데 이제는 아픈 아이들이 입원할 병원도 줄었고 밤이나 주말에는 진료 받기가 거의 불가능하다.

소청과 전공의 지원율이 해마다 빠르게 떨어지더니 2023년도 지원율은 17%에도 못 미친다. 많은 대학병원에 소청과 전공의 지원자가 아예 없다.

이제는 소아과 전공의 충원율만 높이려는 근시안적 대책이 아니라 소청과 육성책과 함께, 더 중요하게는 '충격적인' 수준의 저출산 대책이 나와야 한다. 의대 졸업생들이 소청과를 선택하지 않는 가장 큰 이유는 미래 희망이 보이지 않기 때문으로 출산율 급감 외에도 여러 원인들을 생각해볼 수 있다.

개원의, 병원 봉직의, 대학 교수 등 그 무엇을 하든 소청과의 미래가 밝아 보이지 않는 여러 상황들을 나열해 본다.

① 환자만(간혹 배우자나 자녀를 상대하기도 하지만) 상대하는 내과와 달리 소청과는 소아뿐 아니라 부모, 때로는 조부모나 친척들까지 모두와 소통해야 한다. 따라서 많은 경우 이들로부터 큰 정신적 부담을 받게 되며 드물지만 폭력에 노출되기도 한다. 맘 카페 같은 온라인 커뮤니티에서 억울한 피해를 당하기도 하는데 이런 곳에서 한번 손상을 받으면 회복이 어렵다.

② 불합리한 보험수가제도도 소청과를 더욱 어렵게 한다. 정맥주사나 채혈 같은 행위를 예로 들어본다. 어린이에게 이런 시술은 기술적으로 성인보다 몇 배나 더 어렵고 시간도 많이 필요하다. 기구도 더 다양하게 필요하고 그 가격도 더 비싸다. 게다가 아이가 울기나 하면 감정이 격앙된 부모가 불만을 가질 수 있다. 하지만 보험 수가는 모두 같다. 게다가 폭력, 나아가서 소송 위험마저 높다.

또한 모든 시술이나 처치에 사용되는 기구나 약, 주사제 등에서 소아용은 다양한 크기의 여러 종류가 필요하다. 성인처럼 한 사이즈만 준비해 두면 되는 것이 아니므로 비용부담이 크지만 이에 대한 건강보험의 배려는 없다.

③ 진찰이나 검사, 치료과정이 성인보다 어렵다. 예를 들면 귀나 목을 들여다보는 단순 행위조차도 아이들은 성인보다 몇 배나 더 어렵고 협조도 잘 안되기 때문에 시간, 노력, 인내가 추가로 필요하다. 그 과정에서 부모와 갈등이 빚어지기도 한다. 건강보험 수가는 이 부분도 고려하지 않는다. 게다가 이런 어려움 때문에 더 많은 불만이 표출되고 소송 위험도 성인보다 높다.

④ 이대목동병원 신생아 사망사건 의료진 구속 때문에 소청과 기피현상이 더욱 심화됐다. 결국 대법원 최종 선고까지 모두 무죄였지만 이 사건은 의료인들, 특히 소청과, 나아가서 위험

부담이 큰 신생아학 의사들에게는 돌이킬 수 없는 깊은 트라우마를 남겼다. 그리고 심각하게 부족한 신생아학 전공 기피현상을 심화시켰다.

⑤ 소아과학은 '내과에서 배우는 모든 학문 + 출생, 성장, 발달'까지 모두를 아우르는 학문이다. 어린이는 단순히 성인의 축소판이 아니다. 어린이는 고유의 특징을 각 장기, 기관마다 가지고 있다. 그래서 소청과에도 내과, 외과와 마찬가지로 장기·기관별 세부전공이 있다. 소아심장, 소아신장, 소아호흡기/알레르기, 소아소화기, 소아신경, 소아종양, 신생아학, 중환자 치료, 소아응급의학 등이다.

그런데 내과에 비해 소청과는 세부전공을 해도 적극 활용할 기회가 훨씬 적다. 대학에 교수로 남는 것도 어렵고 개원하면 이를 활용할 기회는 더 적다. 심지어 많은 일반 국민들은 소청과에도 세부전공이 있다는 것조차 알지 못한다. 따라서 세부 전공으로 학문적 성취도를 더 높이고 싶어 하는 젊은 의사들은 대체로 소아과 대신 내과를 선택한다. 소청과 세부전공 전문의들이 꼭 필요 하지만 분야별 환자 수가 많지 않기 때문에 각 대학·종합병원에서 소아 세부 전공 전문의를 분야별로 모두 확보하는 것은 불가능 하다.

소아암 환자를 지방에서 치료하기 어렵다는 최근 언론보도의 배경에는 이런 이유들이 있다. 소아 세부전공 전문의 부족 사태는 앞으로 더욱 심각해질 것이다.

⑥ 대형병원이나 대학병원에서 소청과는 위에 열거한 여러 이유들 때문에 병원 수익에 크게 도움이 되지 않고 심지어는 병원 적자의 일부분이 소청과 때문이라는 뼈아픈 지적을 받는다. 이는 소청과 의사들의 자존감에 큰 상처를 주기도 하고 소청과 전공을 기피하는 이유가 되기도 한다. 같은 이유로 소청과 인력과 시설에 투자를 줄이거나 아예 어린이 입원실을 없애기까지 한다.

⑦ 이제는 의사들도 수련 후 개원이나 봉직의, 대학 교수 같은 전통적인 진로 외에 제약회사나 바이오 기업, 보건소나 정부기관, 연구기관, 언론계, (은퇴 후) 요양병원 등 다양한 진로를 고려한다. 그런데 소청과를 전공 했을 때에는 선택의 폭이 훨씬 제한적이다. 이런 의도를 가졌다면 내과나 외과를 선택 하는 게 훨씬 더 유리할 것이다. 일부이기는 하지만 이런 점도 소청과를 기피하는 이유가 될 수 있다.

⑧전공의가 중도 하차하면 남는 전공의들의 업무량이 급증한다. 때문에 전공의 지원을 더욱 피하게 되는 악순환이 지난 몇 년간 진행되면서 기피 현상에 이미 가속도가 붙었다. 이 현상을 지금 당장 되돌리기는 어렵다.

소아 진료 공백이 심히 우려된다. 열악한 진료, 연구 환경에도 불구하고 사실 많은 소청과 의사들이 자긍심을 느끼는 것은 아이들을 사랑하는 마음, 어린 아이들이 어려운 병을 이겨내고 완치됐을 때의 기쁨, 그리고 아이들이 성인에 비해 앞으로 살아갈 세월이 훨씬 더 길기 때문에 치료에 훨씬 더 큰 보람과 기쁨을 가진다는 점이다. 그러나 언제까지 소청과 의사들의 이런 '아름다운 마음'과 희생정신만을 기대할 수는 없다.

소아과 소멸, 인구 소멸, 국가 소멸, 모두 같은 맥락의 국가 재앙이다. '혁명적' 대책이 필요하다.

소아과 세부전문의 지원자 급감 대책 제안

박인숙 블로그 2022년 9월 29일

소아과 지원자가 급감하면서 소아 세부전문분야 지원자도 급감하고 있다. 이제 심장병, 신장병, 신경질환, 저체중/미숙아, 암, 백혈병, 중환자, 응급, 외과질환 등 심각한 질병을 가진 어린이 치료에 큰 문제가 생기고 있다. 특단의 대책이 필요하다. 소 잃고 외양간 고치는 격이지만 아예 고치지 않는 것 보다 낫다. 한참 늦었지만 지금이라도 고쳐야 한다. 몇가지 제안을 한다.

① **선택과 집중이 필요하다.**

지원자가 거의 없는 세부 전문 분야들에는 몇 개의 공통점이 있다.

  (1) 진료에 고가의 장비와 시설, 그리고 많은 지원 인력이 필요하다.

  따라서 수련 후 진로선택이 쉽지않다.

  (2) 고위험, 고난이 질병치료는 저수가, 고비용 구조 때문에 하면 할수록 병원경영에

  적자를 초래하므로 교수 채용에 제한이 있다.

  (3) 고위험군 환자들이 많다보니 의료분쟁의 위험이 높다.

  (4) 업무 강도가 높고 지속적인 학습부담이 커서 삶의 질이 좋지 않다.

이런 이유로 40개 의과대학 병원 중 소아과 세부전문 교수진을 골고루 갖춘 곳은 드물다.

따라서 대학/종합병원을 선별해서 각 세부전문 분야를 지정해서 집중, 육성하는 것이 대책이 될 수 있다.

제가 지난 7/26 페북에 올린 글 '선천성 심장병 전문병원/센터를 설립해야 한다'의 주장과 같다. 예를 들면 모든 의대에서 선천성심장병 아기의 수술이 가능한 교수를 확보(그것도 한 명이 아니라 두 명 이상)하는 것은 불가능하다.

이번 서울아산병원 뇌출혈 간호사 사망 사건을 통해 알려졌듯이 수요는 적지만 심각한 질병의 치료나 수술이 필요한 분야에서 40개 의대 병원마다 분야별 세부 전문가를 모두 확보하는 것은 가능하지도 않고 필요하지도 않다.

② **보험수가를 올려야 한다.**

당장 해결되지는 않겠지만 꼭 필요한 조치이다. 현재와 같이 세부전문 분야의 중증, 또는 치료가 까다로운 질병을 가진 어린이 진료를 많이 할수록 적자를 보게 되는 건강보험 급여시스템을 이대로 두고는 결코 해결될 수 없다.

③ **은퇴한 세부전문 교수들의 활용방안을 강구할 필요가 있다.**

세부전문 지원자가 거의 없는 상황에서 이런 분야 교수들이 최근 여럿 정년 퇴임하거나 조만간 은퇴할 예정이다. 당장 진료 공백 뿐 아니라 새로이 세부전문의들을 육성, 배출하는 것도 문제이다. 따라서 은퇴교수들을 활용하면 윈윈 전략이 될 수 있다.

④ **저출산 대책을 마련**해야겠지만 이에 대해 이제는 거의 기대를 할 수 없는 지경에까지 이르렀다. 이제는 그야말로 정치·외교적 접근과 사회·문화적 접근 등 총체적인 종합대책이 마련되어야 한다.

"정치가 한국 의료를 망치고 있다"

청년의사 2023년 3월 31일

[인터뷰] 소아심장 분야 권위자 박인숙 전 의원
"의대를 만병통치약처럼 환상 심는 정치인들"
"미래 보이지 않는 소청과, 혁명적 대책 필요"

"정치가 한국 의료를 망치고 있다."

박인숙 전 의원은 의료가 사회 문제가 돼 버린 현 상황을 이같이 표현했다. 박 전 의원은 재선 의원이기 이전에 소아심장 분야 국내 1인자로 불린 소아청소년과 전문의다.

박 전 의원은 정치권이 한국 의료가 가진 문제를 본질적으로 개선하기보다는 의료를 '득표 전략'으로 이용하면서 더 심각한 문제를 만들어 내고 있다고 지적했다.

대표적인 사례가 의과대학 신설 문제다. 정치권을 중심으로 의대 신설 요구가 이어지고 시민사회단체와 정부도 가세했다. 지자체들은 아직 '실체가 없는' 의대 유치전에 뛰어들었다. 전라남도는 TV 광고까지 하고 있다. 박 전 의원은 정치권이 "의대를 만병통치약처럼" 이용하며 "국민들에게 환상을 심어주고 있다"고 비판했다.

의대가 생긴다고 해서 그 지역 의료 문제가 해결되진 않는다는 사실을 서남의대가 보여줬다고도 했다. 오히려 신설 의대가 우후죽순으로 늘어나면 부실 교육 피해자만 늘어난다는 지적이다. 지난 1995년 신설된 서남의대는 2018년 2월 폐교되기 전까지 '부실의대'라는 꼬리표를 달고 있었다.

박 전 의원은 의대 신설에 투입할 재원을 지방의료원 등 그 지역 의료 인프라를 확충하는데 투자하는 게 낫다고 강조했다. 박 전 의원은 청년의사와 가진 인터뷰에서 "아직도 의대 신설 얘기가 나오는 현실이 기가 막힌다"고도 했다.

박 전 의원은 서울의대를 졸업하고 미국 텍사스주 휴스턴 베일러의대(Baylor College of Medicine) 부속병원인 텍사스어린이병원(Texas Children's Hospital)에서 소아심장과 조교수로 근무했다. 지난 1989년 귀국해 3월부터 서울아산병원 소아청소년심장과 교수로 근무했으며 여성 최초로 울산의대 학장을 지냈다. 박 전 의원이 쓴 〈선천성 심장병〉은 선천성 심장병 학계에서는 교과서로 불린다. 제19대와 20대 국회의원(송파갑)을 지냈다.

박 전 의원은 우리아이들병원 명예원장으로 지금도 여전히 소아진료 현장을 지키고 있다.

국회에는 의대 신설 법안만 12건이 발의돼 있으며 지자체마다 의대 유치 경쟁이 치열하다.

의대나 공공의대를 신설하자는 얘기는 그만했으면 좋겠다. 하지만 국회의원 선거가 진행되는 한 계속 나올 것이다. 자신의 지역구에 의대를 신설하겠다는 공약이 표로 이어지기 때문에 득표 전략이 될 수밖에 없다. 의대를 만든다고 그 지역 의료 환경이 좋아지는가. 그렇지 않다는 걸 서남의대가 보여주지 않았나. 의대를 만들기보다 거기에 들어가는 재원을 그 지역 공공의료기관을 발전시키는 데 쓰는 게 낫다. 의대를 설립한다고 해서 당장 그 지역에 근무하는 의사가 늘어나지 않는다. 그 재원을 지방의료원 의료 인력 확충과 시설 개선에 투입하면 당장 1~2년 안에 효과를 볼 수 있지 않겠나.

의료인력 부족뿐 아니라 의사과학자 양성 등 다양한 이유로 의대 신설을 요구하고 있다.

정치인이 의대만 신설되면 모든 문제가 해결될 것 같은 환상을 심어줘서 그렇다. 의대를 만병통치약처럼 말한다. 공공의료를 강화를 위해 그 분야에 종사할 의사를 양성해야 한다고 한다. 그런데 현실을 보면 그게 얼마나 허황된 얘기인지 알 수 있지 않은가. 지방의료원을 의사만 가지 않으려고 하는 것인가. 환자들도 마찬가지다. 국회의원이 아프면 자기 지역구에 있는 지방의료원 가는가. 아니다. 그들도 서울 대형병원을 찾는다. 그래 놓고 의대만 신설하면 공공의료가 강화되고 지역 의료 인프라가 좋아질 것처럼 말한다.

연봉 3억~4억원 이상 제시해도 의사를 구하지 못하는 지방의료원 소식이 전해지면서 논란이

됐다. 일부에서는 '의사들이 배가 불렀다'는 비판도 나온다. 의사 수를 늘려야 하는 이유로 지방의료원 의사 구인난을 들기도 한다.

돈을 많이 주는데도 의사가 가지 않는 데에는 이유가 있다. 지방의료원을 찾는 환자들이 질환군이 다양하지 않기 때문에 의사 입장에서는 전공을 살리기 힘든 경우도 많다. 열심히 공부한 내용을 제대로 활용하지 못하는 환경에서 보람을 느끼지 못하는 문제도 있다. 공무원이나 노동조합 위주로 돌아가는 문화도 의사들이 지원을 꺼리는 이유 중 하나일 것이다.

의사를 구하기 어렵다고 하면서 지방의료원을 새로 설립하겠다는 지역도 늘고 있다. 의료원 설립이 선거를 통해 뽑힌 지자체장한테는 업적이 되기 때문이다. 그런데 설립해 놓고 제대로 운영되지 않으면 나 몰라라 하지 않나. 근본적인 문제를 해결해 의료 환경을 바꾸는 것보다는 다들 정치적으로만 이용하려 한다.

소청과 전문의들, 소아진료 현장 떠나지 않도록 해줘야

박 전 의원은 의료체계 곳곳에서 '균열음'이 들리지만 제대로 된 해결책은 나오지 않고 있다고 안타까워했다. 부모들은 아이가 아프면 진료를 받기 위해 '오픈 런'과 '마감 런'을 하지만 정작 소아청소년과 전문의들은 '간판'을 내리는 고민을 할 정도로 병원 운영에 어려움을 겪고 있다. 소청과를 전공하려는 의사도 점점 사라지고 있다.

박 전 의원은 소청과가 한국 의료의 위기를 보여준다고 지적한다. '의사 수'만 늘리면 된다는 근시안적 대책만 나오고 있다고도 했다. 박 전 의원은 "의대 졸업생들이 소청과를 선택하지 않는 가장 큰 이유는 미래 희망이 보이지 않기 때문"이라고 했다. 이는 다른 필수의료과도 마찬가지다. 정원을 늘린다고 '밝은 미래'가 보장되지 않는 분야에 지원자가 더 오겠느냐는 것이다. 박 전 의원은 인터뷰 내내 "혁명적인 발상, 충격적인 수준의 대책"이 나와야 한다고 강조했다.

소청과를 전공하려는 의사들이 점점 줄고 있다. 2023년도 전반기 전공의 모집에서 소청과를 지원한 의사는 33명뿐이었다.

소아 진료에 평생을 바쳐온 입장에서 너무 안타깝다. 그리고 한편으로는 화가 난다. 소청과 전공의 충원율만 높이려는 근시안적 대책만 내놓아서는 해결하기 어렵다. 저출산으로 소청과 진료 대상인 환자 수 자체가 적어졌고 소아진료 자체가 수익이 되지 않는 구조다. 소청과의원은 소아 환자만 봐서는 유지하기 어렵다. 대형병원에서도 소청과는 수익 면에서 하위권이고 타과 의사에 비해 인센티브도 적다.

요새 소청과의원을 보면 소아진료만 하는 곳이 없다. 성인 환자도 진료하고 도수치료에 발달치료, 언어치료 등 다양한 분야를 한다. 소아 환자만 봐서는 병원을 유지하기 힘드니 수익을 낼 수 있는 창구를 만들어내는 것이다. 한쪽에서는 부모들이 아이 진료를 위해 몇 시간씩 기다리는데 또 다른 쪽에서는 폐업하고 있다. 점점 풀기 어려워지는 것 같다. 의대 졸업생들이 소청과를 선택하지 않는 가장 큰 이유는 미래 희망이 보이지 않기 때문이다. 소청과를 선택한 의사들만이라도 소아진료 현장을 떠나지 않도록 해야 한다.

세부 전공도 소아 분야는 기피 대상이다.

위험부담이 크고 치료하기도 어려운 중증 위주로 보상이 더 강화돼야 하는데 정부 정책 방향이 그렇지 않기 때문이다. 소아심장 분야를 전공한 소청과 전문의가 대학병원에서 일반 소아진료를 하는 게 현실이다. 대학병원마다 소아심장 환자가 많은 게 아니기 때문이다. M&A도 필요하다. 모든 대학병원에 소아심장 전문의가 있을 필요는 없다. 권역별로 특정 분야 전문의들이 모여서 진료할 수 있도록 센터화하는 방안도 고민해야 한다. 이를 위해서는 의료계 내부에서 기득권을 내려놓고 의견을 조율해야 한다.

정부도 소아의료체계 개선대책을 내놓고 이행 상황을 점검하고 있다. 가장 필요한 대책이 무엇이라고 생각하나.

결국 수가다. 소청과 진찰료도 올려줘야 한다. 아이 한명을 진료하려면 여러 명이 참여해야 한다. 성인 환자 진료와는 다르다. 소아진료는 더 어렵고 조심스럽다. 하지만 소아 환자를 본다고 해서 수가를 가산해주는 게 없다. 환아 나이에 따라 수가를 차등 지급하는 것도 방법이 될 수 있다. 어린 아이일수록 진료가 더 힘들다.

황당하게 들릴 수도 있지만 소청과 전문의 자격을 취득하는 의사에게 축하금으로 1억원씩 지급하겠다는 정도로 혁신적이고 충격적인 대책이 나와야 한다. 혁명적인 발상이 필요하다. 그만큼 절박하다는 의미다.

예비 의사인 의대생들에게 하고 싶은 말은 없는가.

그들에게 소청과를 전공하라고 권할 수 있는 환경이었으면 한다. 의대를 다니는 아들이나 딸에게 소청과 등 필수의료 분야를 전공하라고 적극적으로 권할 수 있겠는가. 그저 시야를 넓히고 더 멀리 보라고 말하고 싶다. 원하는 대로, 후회 없이 살았으면 좋겠다. 그들이 후회 없이 필수의료 분야를 지원하고 전공하도록 제도적으로 뒷받침 해줬으면 한다.

 선천성 심장병 전문병원/센터를 설립해야 한다

박인숙 블로그 2022년 7월 26일

선천성 심장병 전문병원/센터를 설립해야 한다

성인 선천성심장병 집담회에 오랜만에 참석하여 오랫동안 가지고 있던 개인적인 고민과 염려를 확인하는 계기가 되었다.

집담회 주제는 크게 두 가지인데

첫 번째 주제는 (내 환자들의 경우와 같은) 출생 전 태아 때부터 또는 출생 직후부터 보다가 내가 병원을 떠난 이후에도 한시도 잊을 수 없던, 이제는 성인이 된 '아이'들과 같은 부류의 환자들에 관한 토의였다.

이런 상황을 가장 잘 표현한 논문으로 선천성심장병 수술을 우리나라보다 약 20여년 일찍, 1970년대에 시작한 영국 소아 심장학의 대가인 Dr. Jane Somerville교수의 논문 "Fruits of Our Labor"가 생각난다.

말 그대로 '우리의 노력의 결과'인 셈이다.

우리나라에서 선천성심장병 수술이 활발히 시작된 시기는 1980년대 말 ~1990년대 초반으로 당시 수술 받은 아이들이 이제 30세를 넘은 성인이 되었다.

대부분은 단순 심장기형으로 한번의 수술이나 시술로 완치되어 더 이상 심장 의사를 만날 일이 없다. 반면에 극소수의 복잡기형을 가진 환자들은 여러 번 수술/시술이 필요하고 게다가 후유증도 있어서 나이가 많아지면서 지속적으로 선천성심장병 전문의의 진료와 치료가 필요하다.

이런 아이/성인들에 대한 상황과 깊은 고민을 기술한 논문이 바로 위 Dr. Somerville의 논문이다. 이런 환자들에 대한 기억과 염려가 한 시도 머리에서 떠나지 않는 것은 나 뿐 아니라 선천성심장병 환자들을 오랫동안 진료해 온 이 분야 모든 의사들의 공통적인 고민이다.

또 다른 부류의 논의 대상 환자들은 선천성 심장병을 가지고 태어났으나 어릴 때에는 별 증상이 없다가 성인이 된 후에 여러 증상들이 나타나기 시작해서 그때 수술을 받게 되는 경우이다. (수정대혈관전위CCTGA, Ebstein's anomaly, Eisenmenger 증후군, 등) 이런 환자들은 성인이 될 때까지 심각하게 수술을 생각하지 않고 살다가 나이가 든 다음에 수술을 받아야 하는 상황에 당황해 하고 충격을 받기도 한다.

이들은 비록 생물학적 나이는 성인 이지만 이들의 진료에는 심장 내과 뿐 아니라 선천성심장병을 전공한 소아심장과 그리고 선천성심장병 전문 소아심장외과의사 포함 여러 분야의 전문의들의 협진이 필수이다.

이 두 부류의 성인 환자들이 모두 간단하지 않은 문제들을 가지고 있기 때문에 선천성심장병에 대한 고도의 전문성, 많은 경험과 깊은 이해가 필요한데 지금 우리나라에서 이와 관련된 현실은 매우 어려워 보인다.

게다가 출생 전 또는 출생 직후부터 시작해서 이 삼 십 년 계속 돌봐주던 주치의 교수들이 대학에서 은퇴하면서 환자들이 평생 의지해 왔던 의사를 더 이상 볼 수 없게되어 당황해 하는 상황도 벌어질 수 있다.

또한 '3D' 분야로 알려진 소아과, 흉부외과, 특히 소아심장과와 소아심장외과 지원자가 매우 부족해서 앞으로의 상황을 더욱 어렵게 만들고 있다.

이와 같이 환자 입장에서 뿐 아니라 전문 의사들 입장에서도 매우 안타까운 상황을 해소하기 위해서는 비록 당장 실천은 어렵더라도 선천성심장병 센터/전문병원의 설립이 궁극적인 해결책이 될 수 있고 이에 대한 논의를 시작하고 계획을 세워야 한다.

국립과 사립 각각 한 군데 씩 전문병원을 지정하여 학생교육은 물론 전공의, 전임의, 교수 집중 양성 뿐 아니라 환자들도 평생 진료의 연속성을 유지할 수 있을 것이다.

여러 과의 협진과 수술이 필요하기 때문에 개인이 할 수 있는 일이 아니다. 지금과 같이 얼마 안 되는 인력과 자원이 여러 의과대학에 뿔뿔이 흩어져 있어서는 안 된다. 즉 모든 의과대학에 이런 전문 센터를 만들 필요는 없다.

이런 센터는 우리나라에 두 세 곳이면 충분하다.

인력과 시설, 자원이 집중 된 전문병원/센터에서 비로소 학생과 전공의 교육도 충실하게 이루어질 것이고 환자들도 계속해서 안심하고 양질의 치료를 받을 수 있을 것이다.

저 출산과 산전 진단 때문에 선천성심장병 수술이 필요한 환자들의 숫자는 감소하는 추세이다. 그럼에도 불구하고, 나아가서 그럴수록 이 분야의 전문의 양성과 전문병원 설립은 오히려 더 필요하다.

이제 인구도 감소하고 출산도 줄어드는 상황에서 기존의 의료전달 체계와 의학 교육에 보다 근본적이고 획기적인 개혁과 변화가 필요한 때이다.

3. 건강정책심의위원회

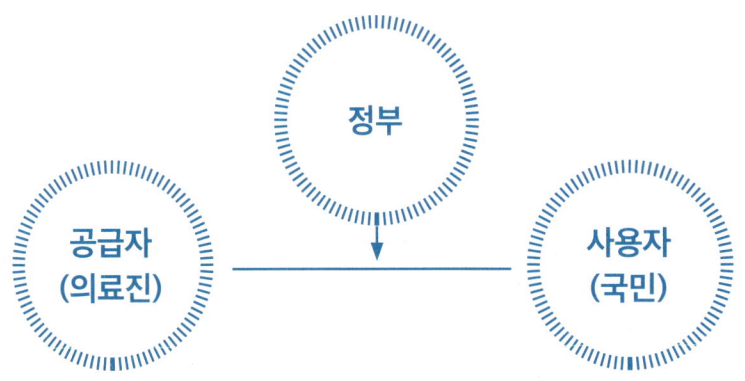

건강정책심의원회 총 25명(현재)

위원장 복지부 제2차관

가입자 대표 8명

근로자대표 2명
- 민노총 1명
- 한노총 1명

사용자대표 2명
- 경영자총협회 1명
- 중소기업중앙회 1명

시민단체(YWCA) 1명
소비자단체(환자단체연합회) 1명
농어업(농업경영인중앙연합회) 1명
자영업자(외식업중앙회) 1명

의약계 대표 8명

의협 2명
병협 1명
치협 1명
한의협 1명
간호협회 1명
약사회 1명
제약바이오협회 1명

공익 대표 8명

정부 2명
- 복지부 1명
- 기재부 1명

건보공단 1명
심평원 1명

전문가 4명
- 한국보건사회연구원 2명
- 의대교수 1명
- 약대교수 1명

건강보험정책심의위원회 법안 개정안

대표발의 : 박인숙

위원 수 : 위원장 포함 13명

5 : 5 : 3 "독일방식"

1. 정부 및 가입자 측 위원 5명

공무원 1명
공단이사장 추천 1명
심평원장 추천 1명
시민단체 추천 1명
근로자 단체 추천 1명

2. 공급자 측 위원(의료계 약, 업계) 5명

3. 공익위원 3명

① 정부 및 가입자 측 추천 1명
② 공급자 측 추천 1명
③ ①과 ②가 합의, 추천하는 전문가를 위원장으로

건강보험정책심의위원회의 위원 구성

국민건강보험법 일부개정법률안
(박인숙의원 대표발의)

의 안 번 호	3175

발의연월일 : 2012. 12. 31.
발 의 자 : 박인숙·이명수·박성호
강기윤·이현재·윤재옥
홍문표·김춘진·문정림
김희국·김태흠·김근태
박창식·이에리사·주영순
정우택·김정훈·이재오
황진하·서병수·이노근
이채익·정의화·류지영
유승민·서상기·김세연
경대수·권은희·이자스민
의원(30인)

제안이유

건강보험정책심의위원회는 요양급여의 기준과 비용, 지역가입자의 월별 보험료, 직장가입자의 보험료율과 건강보험에 관한 사항 등을 심의·의결하는 기구로 기능하고 있음. 특히 이러한 심의 사항들은 정부 및 가입자와 의료서비스의 공급자 간의 협의를 바탕으로 이루어지는 것이 바람직하다는 취지로 위원장 1명, 정부 및 가입자 8명, 공급자 8명, 공익위원 8명 등의 25명으로 운영되고 있음.

형식적인 측면에서 볼 때 현재의 건강보험정책심의위원회의 위원 구성은 중립적으로 보일 수 있으나, 최근 10년간 건강보험정책심의위원회의 의결 사항은 협의에 의한 의결보다는 표결에 의한 의결이 절대다수였다는 점과 이때 공익위원 8명은 대부분 정부 및 가입자 8명과 의견이 동일하였다는 점에서 중립적인 역할을 하고 있지 못함.

때문에 건강보험정책심의위원회 위원구성의 불합리성을 개선하기 위하여 실질적 중재와 조정이 가능토록 건강보험정책심의위원회의 위원 구성을 개선할 필요가 있음.

외국 사례의 경우 건강보험정책심의위원회에서 정부 및 가입자와 공급자 간의 원활한 협의를 위하여 위원 수를 동수로 두고 있으며, 공익위원의 경우에도 의결권을 부여하지 않거나 각각 공급자와 가입자의 추천을 통하여 임명하는 등의 구조를 보이고 있음.

한편, 같은 법 제45조에 따른 건강보험수가 계약 과정에 있어서 결정적인 역할을 하는 건강보험심사평가원의 보유 자료에 대하여 법률상 협상의 일방 주체인 건강보험공단은 자료요구 권한을 갖고 있으나, 다른 일방 주체인 의약계 대표는 자료요구 권한을 갖고 있지 못하여 동등한 입장에서의 협상이 불가한 실정임.

이에, 건강보험정책심의위원회의 위원 구성에 있어서 정부 및 가입자 측과 공급자 측의 위원을 각 5명씩 동수로 구성하고, 정부 및 가입자가 추천한 위원 1명과 공급자가 추천한 위원 1명을 공익위원으로 하며, 이와 별도로 정부 및 가입자와 공급자가 합의하여 추천하는 전문가를 위원장으로 하는 구조로 개편하는 한편, 제45조에 따른 건강보험수가 계약 과정의 건강보험심사평가원에 대한 자료요구 주체에 의약계 대표를 포함시키고자 함.

주요내용

가. 건강보험정책심의위원회의 위원 구성에 있어서, 정부 및 가입자 측 위원과 공급자 측 위원을 각 5명씩 동수로 구성하고, 정부 및 가입자가 추천한 위원 1명과 공급자가 추천한 위원 1명을 공익위원으로 하며, 이와 별도로 정부 및 가입자와 공급자가 합의하여 추천하는 전문가를 위원장으로 하는 구조로 개편함(안 제4조).

나. 건강보험심사평가원에 대한 자료요구의 주체에 의약계 대표를 포함함(안 제45조제6항).

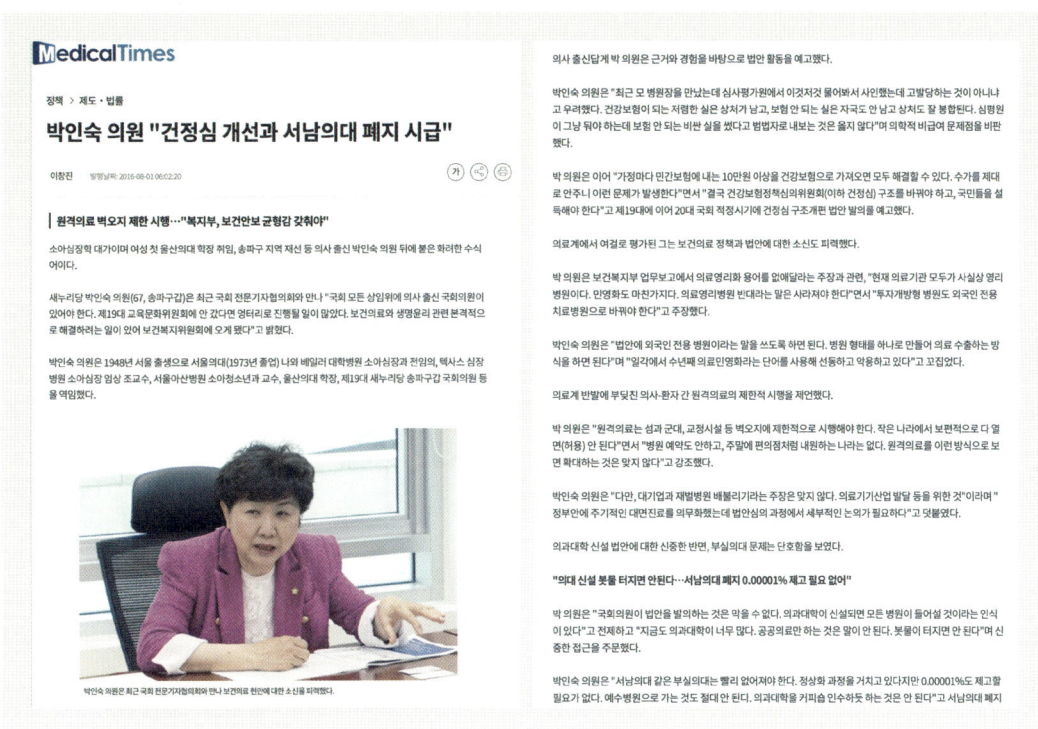

박인숙 의원 "건정심 개선과 서남의대 폐지 시급"

메디컬타임즈 2016년 8월 1일

원격의료 벽오지 제한 시행…"복지부, 보건안보 균형감 갖춰야"

소아심장학 대가이며 여성 첫 울산의대 학장 취임, 송파구 지역 재선 등 의사 출신 박인숙 의원 뒤에 붙은 화려한 수식어이다.

새누리당 박인숙 의원(67, 송파구갑)은 최근 국회 전문기자협의회와 만나 "국회 모든 상임위에 의사 출신 국회의원이 있어야 한다. 제19대 교육문화위원회에 안 갔다면 엉터리로 진행될 일이 많았다. 보건의료와 생명윤리 관련 본격적으로 해결하려는 일이 있어 보건복지위원회에 오게 됐다"고 밝혔다.

박인숙 의원은 1948년 서울 출생으로 서울의대(1973년 졸업) 나와 베일러 대학병원 소아심장과 전임의, 텍사스 심장병원 소아심장 임상 조교수, 서울아산병원 소아청소년과 교수, 울산의대 학장, 제19대 새누리당 송파구갑 국회의원 등을 역임했다.

의사 출신답게 박 의원은 근거와 경험을 바탕으로 법안 활동을 예고했다.

박인숙 의원은 "최근 모 병원장을 만났는데 심사평가원에서 이것저것 물어봐서 사인했는데 고발당하는 것이 아니냐고 우려했다. 건강보험이 되는 저렴한 실은 상처가 남고, 보험 안 되는 실은 자국도 안 남고 상처도 잘 봉합된다. 심평원이 그냥 둬야 하는데 보험 안 되는 비싼 실을 썼다고 범법자로 내보는 것은 옳지 않다"며 의학적 비급여 문제점을 비판했다.

박 의원은 이어 "가정마다 민간보험에 내는 10만원 이상을 건강보험으로 가져오면 모두 해결할 수 있다. 수가를 제대로 안주니 이런 문제가 발생한다"면서 "결국 건강보험정책심의위원회(이하 건정심) 구조를 바꿔야 하고, 국민들을 설득해야 한다"고 제19대에 이어 20대 국회 적정시기에 건정심 구조개편 법안 발의를 예고했다.

의료계에서 여걸로 평가된 그는 보건의료 정책과 법안에 대한 소신도 피력했다.

박 의원은 보건복지부 업무보고에서 의료영리화 용어를 없애달라는 주장과 관련, "현재 의료기관 모두가 사실상 영리병원이다. 민영화도 마찬가지다. 의료영리병원 반대라는 말은 사라져야 한다"면서 "투자개방형 병원도 외국인 전용 치료병원으로 바꿔야 한다"고 주장했다.

박인숙 의원은 "법안에 외국인 전용 병원이라는 말을 쓰도록 하면 된다. 병원 형태를 하나로 만들어 의료 수출하는 방식을 하면 된다"며 "일각에서 수년째 의료민영화라는 단어를 사용해 선동하고 악용하고 있다"고 꼬집었다.

의료계 반발에 부딪친 의사-환자 간 원격의료의 제한적 시행을 제언했다.

박 의원은 "원격의료는 섬과 군대, 교정시설 등 벽오지에 제한적으로 시행해야 한다. 작은 나라에서 보편적으로 다 열면(허용) 안 된다"면서 "병원 예약도 안하고, 주말에 편의점처럼 내원하는 나라는 없다. 원격의료를 이런 방식으로 보면 확대하는 것은 맞지 않다"고 강조했다.

박인숙 의원은 "다만, 대기업과 재벌병원 배불리기라는 주장은 맞지 않다. 의료기기산업 발달 등을 위한 것"이라며 "정부안에 주기적인 대면진료를 의무화했는데 법안심의 과정에서 세부적인 논의가 필요하다"고 덧붙였다.

의과대학 신설 법안에 대한 신중한 반면, 부실의대 문제는 단호함을 보였다.

"의대 신설 봇물 터지면 안된다…서남의대 폐지 0.00001% 제고 필요 없어"

박 의원은 "국회의원이 법안을 발의하는 것은 막을 수 없다. 의과대학이 신설되면 모든 병원이 들어설 것이라는 인식이 있다"고 전제하고 "지금도 의과대학이 너무 많다. 공공의료만 하는 것은 말이 안 된다. 봇물이 터지면 안 된다"며 신중한 접근을 주문했다.

박인숙 의원은 "서남의대 같은 부실의대는 빨리 없어져야 한다. 정상화 과정을 거치고 있다지만 0.00001%도 제고할 필요가 없다. 예수병원으로 가는 것도 절대 안 된다. 의과대학을 커피숍 인수하듯 하는 것은 안 된다"고 서남의대 폐지에 단호한 입장을 보였다.

보건복지부가 경제부처에 휘둘리고 있다는 지적에 대해 일부 공감했다.

박인숙 의원은 "기재부와 산자부 출신 등이 복지부에 오면서 공무원 내부에서 정체성을 상실했다는 의견이 있다. 복지부는 보건의료 지킴이 인데, 경제부처가 오면서 수출 등을 밀어붙이는 경향이 있다"면서 "복지부는 보건의료 관련 전문성을 갖고 대비가 필요하다. 메르스 사태와 기후변화 등 보건안보적 대비를 위해 보건의료와 복지 균형감 있게 다뤄야 한다"고 조언했다.

박 의원은 끝으로 보건의약계를 향해 "국민 입장에서 봐야 한다, 포퓰리즘인 시각 말고, 나라 전체 국익과 국민 건강 차원에서 접근해야 한다"면서 "각 단체 측면에서 바라볼 경우 충돌할 수밖에 없다. 전체를 봐 달라"고 당부했다.

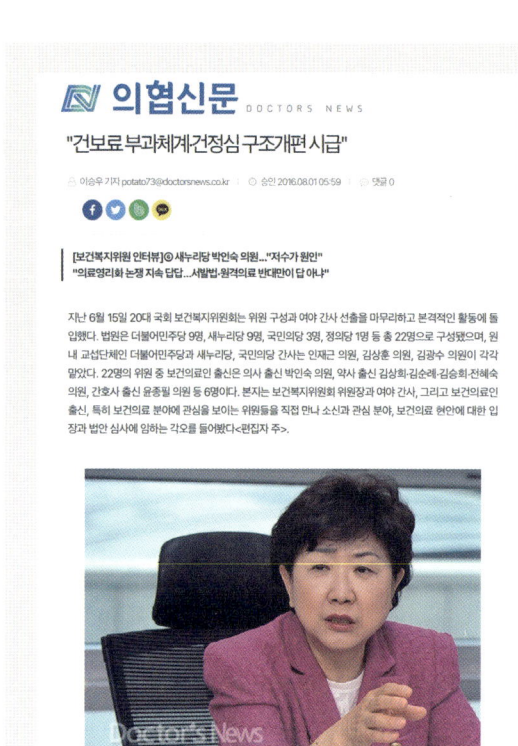

"건보료 부과체계·건정심 구조개편 시급"

의협신문 2016년 8월 1일

[보건복지위원 인터뷰]⑥ 새누리당 박인숙 의원..."저수가 원인"
"의료영리화 논쟁 지속 답답...서발법·원격의료 반대만이 답 아냐"

지난 6월 15일 20대 국회 보건복지위원회는 위원 구성과 여야 간사 선출을 마무리하고 본격적인 활동에 돌입했다. 법원은 더불어민주당 9명, 새누리당 9명, 국민의당 3명, 정의당 1명 등 총 22명으로 구성됐으며, 원내 교섭단체인 더불어민주당과 새누리당, 국민의당 간사는 인재근 의원, 김상훈 의원, 김광수 의원이 각각 맡았다. 22명의 위원 중 보건의료인 출신은 의사 출신 박인숙 의원, 약사 출신 김상희·김순례·김승희·전혜숙 의원, 간호사 출신 윤종필 의원 등 6명이다. 본지는 보건복지위원회 위원장과 여야 간사, 그리고 보건의료인 출신, 특히 보건의료 분야에 관심을 보이는 위원들을 직접 만나 소신과 관심 분야, 보건의료 현안에 대한 입장과 법안 심사에 임하는 각오를 들어봤다<편집자 주>.

19대에 이어 20대 국회의원 선거에서 당선된 새누리당 박인숙 의원(보건복지위원회)은 여야 의원을 통틀어 보건복지위원회에서 활동하는 유일한 의사 출신 의원답게 보건의료 현안에 대해 할 말이 많은 듯했다.

최근 전문기자협의회를 만난 자리에서 박 의원은 보건의료 현안에 대해서 거침없이 의견을 피력했다. 정부와 여당, 그리고 의료계 등 관련 직역 단체와 입장이 다른 민감한 쟁점이라고 해서 답변을 피하지도 않았다.

박 의원은 해결이 시급한 보건의료 현안으로 건강보험료 부과체계 개편과 건강보험정책심의위원회(이하 건정심) 구조 개편을 꼽았다. 합리적으로 건보료를 부과하는 체계를 바탕으로 건강보험 재정 안정성을 확보해야 하며, 더욱 전문적이고 중립적인 건정심 위원 구성이 필요하다고 강조했다.

서비스산업발전기본법(이하 서발법)과 의사-환자 간 원격의료 허용을 골자로 한 의료법 개정안 등을 둘러싼 의료영리화 논쟁이 지속하고 있는 것에 대해서는 답답함을 느낀다며 탄식했다. 의료에 부정적 이미지가 강한 '영리화'라는 단어가 연계돼, 정치적이고 대중영합적인 소모적 논쟁이 이어지고 있다는 것이다.

보건의료 교육 부실 문제에 대해서는 단호한 태도를 보이며, 서남의대 폐과를 주장하기도 했다.

[이하는 박 의원과의 일문일답]

Q. 의사 출신이면서도 19대 국회에서는 보건복지위원회에서 활동하지 않았다. 이유가 뭔가.

= 내 지역구인 서울 송파갑은 지역 특성상 학교와 문화재, 체육·문화시설이 많고 관광의 메카이기도 하다. 또한, 공공의료를 책임지고 있는 시·도립 의료원, 보건소 그리고 대학병원 등이 모두 교육문화체육관광위원회 소관이었다. 그래서 19대 국회 하반기에 교육문화체육관광위원회에서 활동했다. 19대 국회 상반기에는 보건복지위원회에서 활동하고 싶었지만, 당에서 안전행정위원회로 배정해 당의 결정을 따랐다.

Q. 20대 국회에서 보건복지위원회를 선택한 이유가 있나.

= 20대 국회에서 생명윤리법 등 보건의료 관련 법안들의 입법화를 통해 보건의료 관련 정책과 제도를 정비할 생각이다.

Q. 보건의료 분야에서 해결이 시급한 현안은 무엇이라고 생각하는가.

= 국가적으로 보건의료 분야에서 가장 시급한 과제는 건강보험료 부과체계 개편이다. 제도가 잘못돼서 건강보험료를 부당하게 많이 내거나 적게 내는 사람들이 많아, 국민 갈등이 유발되고 있다.

의료행위 심사기준의 경우 의사의 전문성과 환자의 선택권을 제한하는 부작용을 낳고 있는 경우가 있다. 환자가 원해서 질 좋은 재료로 치료했는데 건강보험심사평가원에서는 심사기준에 맞지 않는다는 이유로 치료비를 삭감하고, 책임은 의료기관에 돌리고 있다는 의료계의 주장이 타당한 측면이 있다.

의료기술의 발달로 최신 치료법과 최신 의약품, 치료재료들이 개발되고 있는데, 이것을 모두 건강보험으로 보장하기 어렵다. 특히 매년 물가인상률도 따라가지 못하는 건강보험료 인상률을 고려하면 더욱 그렇다. 개인적으로 국민이 민간의료보험료로 지출하고 있는 돈은 건강보험 재정으로 가져올 수 있도록 하면, 향후 건강보험 재정 건전성 확보에 크게 도움이 될 것이고 기하급수적으로 증가하고 있는 실손의료보험에서 파생되는 문제도 해결할 수 있다고 생각한다.

비급여 진료 확대 등 저수가 체계에서 파생되는 여러 문제, 건정심 구조 개편 문제도 심각하다. 건정심에서 제대로 된 수가 보상을 결정하지 못하니까 저수가로 인한 많은 문제가 발생하는 것이다. 결국, 건정심의 구조를 개편해야 문제를 해결할 수 있다. 그러나 의료계의 주장만을 반영한 건정심 구조개편은 어렵다. 보건복지부와 얘기해 본 결과, 현재 공급자 대표 8명, 가입자 대표 8명, 공익 대표 8명인 건정심 위원 구성을, 공급자 대표 5명, 가입자 대표 5명, 공익 대표 3명으로 개편하는 정도가 합리적일 것으로 판단된다. 관계자들이 참여하는 토론회와 공청회 등을 통해 의견을 수렴해서 적절한 건정심 구조개편 법안 만들어 발의하는 것을 검토할 생각이다.

Q. 최근 보건복지부의 보건복지위원회 업무보고 당시 "'의료영리화' 용어가 없어지도록 캠페인이라도 진행하라"고 주문했다. 어떤 의미인가.

= 불순한 의도가 있는 사람들이 국민이 부정적으로 느끼는 '영리화'라는 단어를 의료와 연결해 쓰면서 국민을 선동하고 사회 혼란을 일으키고 있다. 이런 상황이 10년 넘게 지속하고 있는 것이 너무 답답하다. 현재 우리나라 대부분의 병원이 사실상 영리병원이며, 민영 병원이다. 그런데 영리병원에 반대한다니, 그럼 대부분 병원을 없애자는 말인가. 야당에서 제주도에 허용된 녹지병원이 영리병원이라고 주장하는데, 그 병원은 국내 환자를 진료하지 않는 '외국인 전용 병원'이다. 제대로 된 용어를 사용해야 한다.

Q . 20대 국회 개원과 동시에 여당 의원 대다수가 서명한 서발법이 발의됐다. 의료계가 강하게 반대하고 있는 법안인데.

= 영리병원과 마찬가지로 서발법의 내용을 '아전인수'격으로 해석하고 있는 게 문제다. 서발법이 담고 있는 보건의료 분야 규제 완화 내용은 의료법 테두리 안에서 하면 아무런 문제가 없다. 서발법 내용에 대해 관계자들이 좀 더 신중하게 검토해야 한다. 이미 일본은 서발법 같은 법을 만들어 시행 중이고, 중국도 몇천 병상짜리 병원을 지어 동남아 환자들을 유치하기 위해 준비하고 있다. 많이 늦었지만, 우리나라도 해외환자 유치를 위한 방안 마련을 서둘러야 한다.

Q . 최근 정부 입법안으로 다시 제출된 의사-환자 간 원격의료 허용 의료법 개정안에 대해서는 어떻게 생각하나.

= 이미 섬, 군대, 교정시설, 격오지 등 제한적으로 원격의료가 시행되고 있다. 국내에서 치료받은 해외환자의 사후관리에도 원격의료가 시행되고 있는 것으로 안다. 일각에서 '재벌병원 배 불리기'라고 주장하는데, 맞지 않는 얘기다. 전 세계적으로 원격의료 기술이 급속히 발달하고 있는 만큼, 우리나라도 산업화를 위해 노력해야 한다고 본다. 원격의료 법안의 쟁점은 만성질환자를 원격의료 대상에 포함하는 문제와 병원급으로 확대하는 문젠데, 법안을 심의할 때 이 부분에 대한 관계자들의 의견을 잘 수렴해 반영해야 할 것이다.

Q . 같은 당 이정현 의원이 국립보건의료대학교 신설 법안을 재추진하고 있다. 의과대학 교수 출신 의원의 의견이 궁금하다.

= 이 의원의 지역구인 순천을 비롯해 전국 6~7개 지역에서 의대 신설을 추진하고 있는 것으로 안다. 보건복지부도 의대 신설에 긍정적인데, 현재 의과대학 수가 많다는 것이 개인적인 판단이다. 의대 신설은 신중한 접근이 필요한 사안이다. 특히 공공의료만 전담하는 의대를 신설하겠다는 것은 말이 안 된다.

무분별한 의대 신설로 서남의대와 같은 부실 의대가 생겨났다. 정상화 가능성이 거의 '제로'에 가까운 서남의대는 폐과돼야 한다. 학생들을 제대로 교육하지 못하는 의대나, 간호대 등 보건의료 관련 학과는 국민의 생명에 위해를 줄 수 있다는 측면에서 없애야 한다.

Q . 20대 국회의원 선거 과정에서 주치의제 도입을 주장했는데, 어떤 형태의 주치의제를 말하는 것인가.

= (전 국민을 대상으로 한 주치의제가 아니라) 학교나 경로당 같은 곳에 동네의원을 연계해

의사를 필요로 할 때마다 방문해 진료하는 주치의제를 도입하자는 것이다.

Q. 끝으로 보건의약계에 당부할 말이 있다면.

=모든 보건의약 쟁점들을 국민의 관점에서 바라보고 검토하면 국민과의 갈등은 물론 직역 간 갈등도 줄어들 것이다. 포퓰리즘적 주장이나 집단이기주의적 행태를 하게 되면 충돌과 갈등은 불가피하다.

4. 의대신설 반대 & 의대정원 증원 반대

공공의료란?

우리나라는 이미 공공의대와 민간의료가 완전히 섞여있다.
당연지정제와 정부에서 보험수가를 정하기 때문에 우리나라 의료는 이미 대부분 공공의료이다.

의대 신설 반대 이유

- 방방곡곡에 의대 없는 곳이 없다(40개)
- 한 대학에 교수 최소한 300명 이상 필요
- 예산 수천 억 필요

→ 따라서 의대 신설 대신 기존 비수도권 의대와 의대 병원에 집중 투자해야 한다.

'공공의대'는 의대와 뭐가 다른가?

- '공공의대'의 교과과정이 '의대'와 다를 수 없다.
- 개인의 진로를 정부가 강제 할 수 없다.
- 외국(일본, 그리스)에서 실패한 정책 :
    - 지역격차해소 실패, 도시집중 더 심해짐
    - 공공의대 졸업생에게 진료받고 싶지 않아함 - 낙인효과

의대정원 증원 반대 이유 *"밑빠진 독에 물 붓기"*

1. 이미 의료 접근성 세계 최고
2. 인구 감소 & 4차 산업 혁명, AI 발달 → 의사 수요 감소 예상
3. 지금도 매년 3천명 이상 신규 의사 배출되고 있다. 의사 수 증가속도가 OECD 국가 중 최고로 빠르다.
4. 의사 수 증가 → 의료수요, 창출 → 의료비 증가 로 이어짐
5. 이공계 인재 육성에 부정적 영향
6. 지금 증원해도 진료 가능한 의사 배출되는데 10년 소요됨. 당장 무의미하다.

즉 의사 수사 모자라는 것이 아니라 '비인기, 필수' 과 & 비 수도권을 떠나는 것이 문제이다!

의대정원 증원 반대에 대한 대안 *당장 할 수 있는 대책*

의사들이 필수과를 떠나지 않고 보람 있고 안전하게 근무할 수 있는 환경을 만들어 주어야 한다.

1. 필수의료 수가 인상
2. 건정심 구조조정
3. 비수도권 병원에서 심장수술, 뇌 수술, 외상, 분만, 소아과 등 필수의료 진료를 가능하게 해 주어야 한다.

    지방 거점 대학/종합병원에 인력, 시설, 장비 지원을 대폭 강화해야 한다.

    지역의 전문 센터별 M&A가 필요하다
4. 의료인 보호 정책 : 의료사고 대책 특례법, 의료인 폭행/모욕 방지 대책

[시론]의대 새로 만든다고 의사과학자 나오나   중앙일보 2023년 3월 28일

KAIST·포항공대 의대신설 거론 기존 프로그램 정비·확장해야
연구비 늘리고 신분 보장 필요

KAIST와 포항공대에 의대를 신설하는 방안이 최근 거론되고 있다. 정부가 첨단 바이오산업 육성을 통해 국가 경쟁력을 높이기 위해 '의사과학자' 양성을 강조하자 나온 대책 차원이다. 결론부터 말하자면 취지는 맞지만 방법은 틀렸다. 의사과학자를 양성하는 가장 빠르고 효과적인 방법은 이미 운영 중인 의사과학자 양성 프로그램을 정비·확장하고 정부 지원을 늘리는 것이다.

현행 의사과학자 양성에는 네 가지 트랙이 있다. 첫째, 전문의 수련을 마친 의사가 생명공학과에서 연구 훈련을 받은 뒤 병원이나 의대에 취업해 임상 진료 없이 연구에 매진하는 방법이다. 서울아산병원이 수년 전부터 업무협약을 맺어 전문의가 KAIST에서 수년간 연구를 진행한 뒤 병원으로 돌아와 연구를 지속하는 경우다. 이미 십여 명에 이른다.

둘째, 대학에서 기초과학이나 생명과학을 공부한 후 의학전문대학원에 들어가서 의학 공부를 마친 뒤 연구에 전념하는 경우다. 차의학전문대학원에서 이런 트랙으로 이미 의사과학자들이 성공적으로 양성되고 있다. 셋째, 의대 졸업 후 곧바로 의대 기초교실 또는 KAIST 등 과학기술대학에서 연구를 시작해 의사과학자가 되는 길도 있다. 지난 수십년간 해온 방식이다.

넷째, 최근 울산의대가 새로 시도한 방법도 있다. 예과 학생들이 울산과학기술대학(UNIST)과 학점 교류를 통해 기초과학을 공부하는 제도다. 저학년 시절부터 진로를 모색하는 데 도움이 된다.

이런 프로그램들은 이미 괜찮은 성과를 내고 있고 전망도 밝다. 좋은 프로그램이 있으면 지원·육성하는 것이 합리적이다. 가장 절실한 육성 방법은 정부가 의사과학자 지망생에 대한 연구비 지원과 신분 보장에 적극적으로 참여하는 것이다.

민간 병원의 속성상 환자 진료를 통해 수익을 내지 못하고 연구만 하는 의사과학자는 경영에 부담일 수밖에 없다. 의사과학자를 양성하려다 병원 경영이 어려워지면 이들에게 진료 부담을 주지 않는다는 보장이 없다. 그렇기에 적극적으로 의사과학자 양성을 추진하는 병원과 의대에 정부가 일정 부분 책임을 분담해야 한다.

해마다 가장 똑똑하다는 학생 약 3000명이 의대에 진학한다. 이 가운데는 분명 노벨 물리학상을 받을 수도 있었을 젊은이도 포함됐을 것이다. 인공지능(AI) 같은 미래 기술을 개발해 인류 문명을 한 걸음 더 발전시켰을 뻔한 젊은이도 있을 것이다.

그런 재능을 갖춘 인재가 의사가 돼 임상 진료에만 종사한다는 것은 개인과 국가 모두에 낭비일 수 있다. 이런 인재들은 환자 한 사람을 치료하는 것보다 연구에 매진해 더 많은 환자에게 건강을 되찾아 줄 학술적 성과를 내는 것이 훨씬 바람직할 것이다. 의과학·의공학의 무한한 경제적 부가가치까지 따진다면 더더욱 그렇다.

의대 신설이 뜨거운 논란이 된 지 벌써 10년이 넘었다. 좀 단순화하자면 의대 신설은 국회의원과 지방자치단체장의 득표를 위한 단골 공약 사업에 불과하다. 의대를 아무리 새로 세운들 졸업생이 의사 면허증을 딴 뒤에 임상 진료를 포기하고, 의과학 연구에 몰두하도록 강제하지 못하면 소용이 없다.

인기 진료과 개원의 숫자만 늘리는 결과를 낳을 뿐이다. 자진해서 의사과학자가 되겠다는 인재를 지원하는 방안과 의과학에 별 관심 없는 젊은이에게 의대에 보내줄 테니 개업하지 말고 연구만 하라고 강제하는 방안 중 어느 것이 더 효율적이겠나. 정치인들은 의대 설립 필요성을 주장하면서 의대 설립에 드는 비용은 언급하지 않는다. 의대 설립은 단과대학 하나 설립하는 것과는 하늘과 땅 차이만큼 힘든 작업이다. 의대 한 곳당 교수 숫자만 해도 적게는 140명에서 많게는 840명이나 된다. 의대 신설이 얼마나 어려운 일인지는 의대를 만들었지만, 교수진과 수련병원이 없어 결국 폐교된 서남의대 사례가 입증한다. 의대 설립 비용의 일부만 들여도 이미 스스로 의사과학자의 길을 선택한 인재들을 지원할 수 있다.

정치권의 의대 신설 논란은 이제 종지부를 찍어야 한다. 의대생과 수련의 중에도 의사과학자의 길을 가길 원하는 인재는 많다. 내 집 마당에 사과나무가 무럭무럭 자라는데 그 나무에 거름 줄 돈으로 집 밖에 땅을 사 새 사과나무를 심는 오류를 범하면 안 된다.

공공의대 신설 주장은 표를 바라는 국회의원들의 감언이설로 국민은 더 이상 이런 공약空約에 현혹되지 말아야 한다

박인숙 페이스북 2022년 10월 2일

국회의원들의 공공의대 신설 주장이 점입가경으로, 아니면 말고 식의, 거의 코미디 수준에 이르고있다.

이 중 압권은 1. 방사선의대 신설과 2. 인구소멸지역 의대 신설이다.

만약에 이 법안들이 모두 통과된다면 의대가 십 여개는 더 신설되는, 의학교육의 '대 재앙'이 일어날 것이다. 의대신설 주장이 지역 선출직 정치인들이 표를 얻기 위한 공약公約으로 나온 지 오래 되었는데 점차 더 많아지고 있다. 국회 임기 4년 마다 매번 똑같은 의대신설 법안이 발의되고 있는데 발의 건수와 정도가 점차 더 심해지고 있다. 더욱 걱정스러운 점은 정치인들이 주민들을 부추기면서, 의료인들이나 지식인들이 의대 신설을 반대하면 마치 주민들이 양질의 의료서비스를 받지 못하게 훼방 놓는, 주민의 건강권을 침해하는 나쁜 사람으로 생각하게 만든다는 점이다.

정치인들이 문제를 해결하기는 커녕 해결을 더욱 어렵게 꼬으고 있다. 즉 신설의대 유치라는, 실천 불가능한 잘못된 주장이 오히려 '낙후 지역' 주민들의 발목을 잡는, 그래서 오히려 의료서비스가 개선될 좋은 기회들을 오랜기간 동안 계속 놓치고 있는 안타깝고 역설적인 현상을 지역주민들이 깨달아야 한다. 진정으로 '낙후'지역 주민의 의료서비스를 향상시키려면 (의대 신설이 아니라) 다른 많은 방법들이 있다고 의료계가 아무리 떠들어도 주민들에게 전혀 먹혀 들지 않는 이유는 이러한 정치인들의 '흑심'이 그 배경이기 때문이다. 결국 지역 주민들 뿐 아니라 나아가서 대한민국 전체가 피해를 입는다. 따라서 국민이 이를 제대로 이해하여야만 이런 잘못된 주장이 사라지면서 진정한 국민을 위한 의료정책이 펼쳐질 수 있다.

해답은 이미 오래 전부터 나와 있다. 정치적 이유때문에 집행되지 못할 뿐이다. 이러한 소모적이고 공허한 논쟁만 지난 이십년도 넘는 세월동안 도돌이표 모양 끊임없이 반복되고 있다.

의료계와 내가 지난 19대와 20대 국회에서 의대 신설 법안 통과를 막으면서, 나아가서 낙후 지역 주민들이 더 나은 의료서비스를 받게 하는, 당장 실천 가능한 방법들을 줄기차게 주장했었는데 이제껏 변한 부분이 하나도 없다. 이제 다시 국회의원 선거철이 다가오면서 공공의대 신설 법안들이 우수죽순 발의되는 것을 보고 그 동안 내가 쓴 기고문과 강의, 방송에서 보여주었던 PPT들을 다시 정리하여 올린다. 여러 정치인들이 자기집 앞마당에 의대 한개씩 만들겠다고 유권자들께 약속하는(약속하는 척?) 제스쳐로 법안 발의를 한다. 의대만 있으면 당장 병이 나도, 다쳐도 다 고쳐줄꺼라고 국민을 호도하고 있다.

국민이 깨어있어야 한다. 정말 필요한 것이 무엇인지? 당장 도움을 받을 수 있는 방법이 무엇인지? 유권자들이 꼼꼼히 따져보길 바란다.

[시론] 부실의대, 더 이상은 안 된다!
의료정책 포럼 2020년 vol 18, No 2 page 4~6

"시골사람도 사람이다", "시골사람도 좋은 치료 받고 싶다"

이게 도대체 무슨 말인가? 이 말들은 20년간 질질 끌어온 서남의대 폐교를 하루빨리 마무리 지으려고 필자가 몇 년 전 국회에서 개최한 토론회에서 서남의대가 위치한 남원의 주민들이 항의 차 들고 온 현수막 문구였다. 이분들은 서남의대가 없어지면 지역주민들이 병원 치료도 제대로 못 받고 지역 경제도 망할 것이라는 주장을 하셨다. 물어볼 것도 없이 그런 주장은 주민들의 자발적인 생각이라기보다 지역 정치인들의 선동에 의해 잘못 주입된 의견이라고 필자는 생각한다.

당시 제가 이분들께 부실의대 폐교의 당위성을 설명하고 진정 지역 주민의 의료의 질을 높이려면 부실의대를 붙들고 있을 것이 아니라 그 지역 지방의료원이나 병원에 시설, 장비, 인력을 투자하면 즉시 의료서비스가 좋아질 것이며, 그런 일은 정부와 지방자치단체장이 마음만 먹으면 언제든지 당장 할 수 있는 일이라고 설명 드리면서 그 분들의 이해를 구했다.

이 예에서 보듯이 의대 유치는 오랫동안, 그리고 매 선거마다 출마하는 후보들의 단골 공약이었고 그 결과로 우리나라에 40개(41개에서 폐교된 서남의대 제외)나 되는 의대가 생기게 되었다. 그러다 보니 부실의대도 나타나면서 대표적인 의대가 바로 서남의대였고 이를 계기로 의평원 법이 생기게 된 것이다.

건국 이래 여러 정치, 사회적인 이유로 이렇게 많은 크고 작은 의대들이 생기다 보니 대학마다 의학교육의 질이 천차만별이었고 그래서 이를 평가, 인증하는 기구의 필요성이 대두되어 한국의학교육평가원(이하 의평원)이 생기게 되었다.

그런데 의평원이 각 의대의 협조를 얻고 어렵게 시행했던 의대평가가 법적 구속력이 없다 보니, 서남의대와 같은 부실의대의 퇴출에는 사실상 어떤 역할도 불가능 했다. 바로 그런 이유로 만든 법이 의평원 법이었다. 이 법에서 의대는 반드시 의평원으로부터 평가인증을 받아야 하도록 법적으로 규정함으로써 서남의대와 같은 부실의대를 방지하고자 한 것이다. 의평원 법은 발의(2013년 7월)에서 통과(2015년 11월)까지 무려 2년 반이나 걸렸지만 사실 그 기초 작업은 지난 20년에 걸쳐서 만들어진 것이고 정부 측, 특히 교육부의 저항이 대단히 심했던 법이었다.

우리나라 의평원은 애초부터 세계기구에서도 인정하는 높은 수준의 평가 능력을 갖추었음에도 불구하고 교육부는 이 기구를 공식 인정하지 않고 의대평가를 교육부가 기존에 하던 방식 그대로, 즉 의대 이외 다른 단과대학들에게 하던 방식을 고집하였다. 의대 평가를 공대나 인문학 교수 등 전문성이 없는 교수들이 하도록 하자고 교육부는 주장했다. 그래도 끈질기게 교육부를 설득한 결과 우여곡절 끝에 탄생한 의평원 법이 만들어 진 지 불과 3년도 지나지 않은 시점인 20대 국회에 들어와서 문재인 정부에서 공공의대 신설 계획이 다시 대두되면서 이 법을 무력화 하려는 시도가 시작되었다. 그래서 필자가 이를 막고자 2019년 2월에 기존 의대는 물론 의대 신설부터 의평원의 평가인증을 받도록 함으로써 부실의대 신설을 방지할 목적으로 '부실의대 신설 방지법 [고등교육법 일부개정법률안]'을 발의하였으나 이 법은 논의조차 해보지 못하고 2020년 5월 20대 국회 임기 종료와 함께 자동폐기 되었고 정부와 민주당이 적극 주장하였던 공공의대 신설 법안도 역시 자동폐기 되었다.

모든 선거에서 자기 지역구 내에 의대가 없는 후보들이 의대유치를 공약으로 내세웠지만 이는 애초부터 지키기 어려운 공약이므로 당선 후에 법안도 쓰고 토론회도 개최하면서 노력하는 시늉이라도 하는데 우리는 그러한 모습들을 지금 21대 국회 시작부터 벌써 자주 보고 있다. 그런데 이번에는 타이밍이 절묘해서 거대 여당이 국회 권력을 독점한 상태에서 코로나 판데믹까지 일어나고, 이제껏 미루어 왔던 의대신설 욕구들이 한꺼번에 터지면서 (의료인이 더 많이 필요하다는 논리를 펼치면서) 국민 여론을 호도하고 있다. 그 결과 거대 여당은 물론 일부 야당까지 여야를 가릴 것 없이 많은 정치인들이 의대신설 관련 법안들을 발의하였다.

21대 국회 개원 후 지금까지 발의된 의대신설 관련 법안들을 살펴보면 그야말로 목불인견으로, 어떤 법안은 거의 코메디 수준이다. 그런데 이 법안들의 공통점은 의평원 역할을 무력화하고, 의대 신설 허가를 (의평원이 아닌) 교육부 장관이 정하며 의대신설 목적이 노골적으로 지역활성화 같은 정치적 목적이고, 그리고 지역 주민의 표만 의식하다 보니 행정구역 마다 의대가 하나씩 있어야 한다는 대단히 비효율적이고 비상식적인 정치논리로 추진한다는 점이다.

그 중 몇 개 예를 들어보겠다. [지역의사 양성을 위한 법률안("지역의사제도") : 김원이, 권칠승 각각 대표발의], [(공공)의대 설립을 교육부장관이 인가 : 기동민, 박완주, 이용호, 서동용, 김성주 각각 대표발의] 등의 법안들이 줄줄이 대기 중이며 가장 황당한 법으로는 '인구 감소를 막기 위해서 의대를 신설해야 한다'라고 주장하는 [인구소멸위기지역에 의대와 부속병원 신설("정주여건 개선을 위해") : 대표발의 서삼석]에 이르러서는 할 말을 잊게 된다.

※ 관련 법률안 현황

의안번호	법률명	구분	대표발의 (발의일자)
168	의료법	일부개정	김원이의원 ('20.06.04.)
2390	지역의사 양성을 위한 법률	제정	김원이의원 ('20.07.27.)
2537	지역의사법	제정	권칠승의원 ('20.07.30.)
255	지방대학 및 지역균형인재 육성에 관한 법률	일부개정	박완주의원 ('20.06.08.)
198	국립공공보건의료대학 설립 및 운영에 관한 법률	제정	이용호의원 ('20.06.05.)
690	공중보건장학을 위한 특례법	전부개정	서동용의원 ('20.06.19.)
794	공공보건의료에 관한 법률	일부개정	기동민의원 ('20.06.19.)
1204	국립공공보건의료대학 설립·운영에 관한 법률	제정	김성주의원 ('20.06.30.)
45	인구소멸위기지역 지원 특별법	제정	서삼석의원 ('20.06.01.)

이제 우리가 가장 우려하는 점은 이런 많은 '악법'들이 여당의 독주와 야당의 묵인 하에 마구잡이로 국회를 통과하여 제2의, 제3의 서남의대가 생기는 것이다. 이를 막기 위해서 의사를 비롯해서 대한민국 의료를 걱정하고 책임지는 모든 사람들이 바로 지금 경계의 눈을 부릅뜨고 지켜보고 적극 대처해야 하는 것이 그 어느 때 보다 중요하다.

제 20대 국회 끝까지 결사적으로 막았던 공공의대신설 건이 이제 21대 국회에서 여당이 국회 권력을 독차지하면서 다시 힘을 받게 되었고 정부는 물론 청와대까지 나서서 무지막지하게 공공의대 설립과 의대 정원 증원을 주장한 것이 이번 의사 파업을 촉발하게 된 것이다. 이제 정부와 청와대는 이성을 되찾고 진정으로 국민에게 최상의 보건의료서비스를 제공하는 방법이 무엇인지, 원점에서 의료계와 머리를 맞대고 고민하기를 바란다. 코로나를 빙자해서 의료계와 국민 사이를 이간질 하는 우를 범하지 말기를 바란다. 사실 정답은 이미 나와 있다.

의대 신설에 투자되는 막대한 국민세금을 기존 의대와 대학병원들 또는 기존의 지방 의료원, 공공병원, 정부 각 부처 소속병원들, 예를 들면 산재병원, 경찰병원, 군병원 등에 시설, 장비, 인력 투자를 충분히 하면 지금 당장 의료서비스가 향상되고 국민이 골고루 양질의 의료 혜택을 받게 되고 세금절감, 의사·간호사 등 의료인들의 업무 만족도와 삶의 질 향상, 우리나라 보건의료 산업의 발전 등 진정한 윈-윈(win-win) 정책이 되는 것이다.

이제 정부는 소모적이고 국민 생명을 담보로 하는 무시무시한 강경책을 거두고, 의료계와 진정성 있는 대화로 조속히 사태를 해결할 것을 촉구한다. 민주국가에서 전문가 조언에 귀 기울이지 않는 정부는 반드시 실패한다는 역사의 교훈을 정부가 기억해 주기 바란다.

코로나대책이 공공의대 신설?
백신확보보다 공공의대신설이 더 중요하다?

박인숙 페이스북 2020년 12월 13일

코로나 확진자가 급증하면서 문재인정부의 코로나 대책의 심각한 오류, 문제들이 빠르게 밝혀지고있다. 백신 확보를 못 하였을 뿐 아니라 대책이라고 내놓은 것들이 '공공의료'확충 이라니?

정부 발표도 오락가락하고 '긴 턴넬의 끝이 보인다'라는 대통령 말을 장관이 다음날 '방역수칙 국민이 잘 지켜도 코로나 퍼지는 것 막지 못하다'라면서 바로 뒤집어 버렸다.

방역, 역학조사, 치료제개발도 중요하지만 지금 최우선 과제는 백신 확보이다.

백신이 없으면 급증하는 환자들 때문에 의료시스템이 붕괴되는(이미 그런 징후가 보인다) 최악의 상황이 될 것이므로 백신 접종으로 감염의 고리를 끊는 것이 가장 급한 과제이다.

그런데 이렇게 화급한 상황에서 설마 공공의대 신설을 대책이라고 주장할 참인가? 게다가 의대졸업생들 국시는 못 보게하면서 학생들을 동원하려는 계획도 있는 것 같고, 의사, 간호사들도 동원할 것이고 사립병원들도 코로나 전담병원으로 강제 지정할 것 같다.

이런 아이디어를 모두 반대한다는 말이 아니다. 이제는 제발 의료계, 전문가의 의견을 수렴하고 함께 논의해서 제대로 대처하라는 말이다.

공공의료란 무엇인가?

프레시안 2020년 9월 28일

[기고] "필수 분야 의료진을 지원해야 한다"

요즘 공공의료, 공공의대 같이 공공이라는 말이 인기다. 정부, 여당, 진보시민단체는 한결같이 '공공의료를 확대해야 한다' 라는 주장을 반복하고 있다. 하지만 여기서 쓰이는 '공공'이라는 표현은 실체 없는 대국민 립서비스일 뿐이다. 왜 그런지 알아보자.

공공의료란 민간이 감당하기 어려운 의료서비스를 국가가 책임지고 모든 국민에게 제공하는 것을 뜻한다. 그런 의미에서 보면 우리나라 의료서비스는 이미 거의 대부분 공공의료이다. 지금 당장 확충해야 하는 공공의료 분야는 수도권과 지방간 의료격차 해소, 산부인과, 외상외과, 심장 뇌혈관질환 같은 필수적이지만 업무의 강도와 위험도에 비해 보상과 보호가 따르지 않아 의사들에게 인기가 없는 분야 지원, 그리고 감염병 시설과 방역 인력 확충이다.

병의원 같은 의료기관 수를 기준으로 보면 우리나라는 절대 다수가 민간의료 시스템이다. 의료기관의 94.2%가 민간기관이고 나머지 5.8% 만이 국공립병원, 지방의료원, 군병원, 경찰병원, 보건소와 같은 공공기관이다. 그런데 실제 운영구조를 기준으로 보면 상황은 180도 바뀐다. 94.2%에 이르는 이른바 민간의료기관들도 업무의 대부분을 공공적인 방식으로 수행한다. 순수한 민간의료행위는 미용 성형수술 같은 극히 제한된 비 보험 분야에 국한된다.

민간의료기관이 수행하는 업무의 대부분이 공공적이라는 것은 무슨 말일까? 한마디로 민간의료기관도 모든 의료행위를 정부가 감시, 관리, 통제한다는 뜻이다. 구체적인 원칙은 이렇다.

1) 건강보험 당연지정제에 따라 모든 의료기관은 환자에 대해 어떤 이유로든 진료를 거부할 수 없다.
2) 모든 보험수가를 정부가 정한다.
3) 환자를 진료하는 방식도 교과서대로가 아니라 정부가 정한대로 해야 한다.
4) 병의원 운영도 정부 지침을 따라야 한다.
5) 공공기관과 민간기관이 진료하는 환자들의 질병 종류에 거의 차이가 없다.

한마디로 정리하자면 내가 아플 때 민간병원에 가든 공공병원에 가든 똑같이 줄 서서, 똑같은 진료를 받고, 똑같은 약을 처방 받은 뒤, 똑 같은 비용을 내게 된다는 것이다. 병원 입장에서는 최고 수준의 의사를 고용하든 말든, 최신 장비를 들여오든 말든, 환자에게 더 쾌적한 서비스를 제공하든 말든 벌 수 있는 돈의 한도가 이미 정해져 있다는 뜻이다.

우리나라 의료제도는 서로 양극단을 달리는 미국과 영국 제도의 절충 형이라고 볼 수 있다. 미국은 의료시스템을 민간보험회사가 지배하는 형식이다. 병원비는 비싸고, 부자는 사보험을 들어 최고급 진료를 받을 수 있다. 하지만 보험 들 능력이 없는 사람은 갈 병원도 없다. 영국은 국가보험제도를 통해 나라가 무상의료를 제공한다. 그러나 국가가 지정해준 공공병원의 대기 기간이 너무 길어 어디가 아파도 의사 얼굴 보기가 쉽지 않다. 우리나라에서는 너무 흔해 당연시 여겨지는 최신 의료장비와 원 스톱 서비스를 영국에서는 기대하기 어렵다. 즉 우리나라 의료제도의 세계 최고 수준 의료 인력과 세계 최저 수준 수가 덕분에 우리 국민은 미국과 영국 의료제도의 장점만 골라서 누리고 있는 셈이다

하지만 부작용이 없는 것은 아니다. 산부인과나 외과 같은 필수 분야가 이른바 '기피과'가 되고 있는 것이 대표적인 사례다. 낮은 수가 때문에 개업해도 돈은 벌 수 없고 환자를 치료하다 문제가 생기면 혼자서 엄청난 책임을 져야 하기 때문이다. 최근 사례에서 보듯이 최악의 경우 감옥 갈 각오까지 해야 한다.

정부 여당은 이런 시급한 문제의 해법으로 공공의대 설립과 의대정원 확충을 추진하고 나섰다. 하지만 당장 문제가 생겼는데 수 천억 원 들여 의대 새로 세워서 빨라야 10년 뒤 의사 몇 명 배출하겠다는 것은 현명한 대책이 되지 못한다.

지금 우리나라 공공의료에 허점이 드러나는 것은 의사가 모자라서가 아니라 필수 분야에 의사가 일할 여건이 안되기 때문이다. 산부인과, 외과, 중환자관리, 감염관리 등의 분야는 인력 부족에 허덕이지만 성형외과, 피부과는 과잉경쟁으로 허덕이는 현실이다. 그렇다면 정부가 지금 당장 팔 걷고 나서야 할 일은 신설의대에 투입할 수 천억 원의 국민 세금으로 기피과목 전담 의료진을 지원하고 그들이 일할 수 있는 시설, 장비, 여건을 마련해 주는 일이다. 아울러 의료 격차 해소 방안도 적극 강구해야 한다. 이런 것이 진정한 의미의 '공공의료 확충'이다.

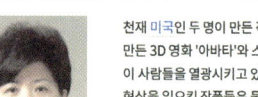

[편집자에게] '의대(醫大) 쏠림'은 국가적 인재 낭비

조선일보 2010년 1월 18일

천재 미국인 두 명이 만든 작품, 제임스 캐머런 감독이 만든 3D 영화 '아바타'와 스티브 잡스가 개발한 아이폰이 사람들을 열광시키고 있다. 이런 광풍과도 같은 사회 현상을 일으킨 작품들은 물론 수많은 사람들의 피나는 연구 덕분이지만 핵심은 천재의 창의성과 도전정신, 그리고 이를 가능하게 한 사회환경 때문이다. 이런 사람들의 천재성이 국가 경제에 엄청난 파급효과를 가져옴을 생각할 때 우리의 이공계 현실, 나아가서 국가의 미래를 생각하지 않을 수 없다.

우리나라 의료계의 장래가 마냥 장밋빛이 아님에도 불구하고 여전히 고교 졸업생 중 성적 상위 0.1% 내에 들어도 원하는 의대 입학이 어려울 정도로 우수한 학생들이 의대로 몰리고 있다. 특히 의학전문대학원 제도가 시작된 이후 고교 졸업 후 의대로 곧바로 입학할 수 있는 신입생 숫자가 절반으로 줄었기 때문에 종전에 비하여 의대 관문이 더욱 좁아졌다. 또한 이과계 졸업생들 중 의대·치대·한의대를 모두 채운 후에야 이공계 학과로 지원하고 있고 이공계 대학에 진학한 후에도 많은 학생들이 의학전문대학원 입학을 또다시 준비하고 있다. 수백년에 걸쳐서 의학이 발달한 선진국들에 비해서 국내 의학의 역사는 백년 남짓으로 매우 짧다. 그럼에도 불구하고 의학의 여러 분야가 세계적인 수준에 도달하였고 선진국 의대로 교수를 '수출'할 정도로 국내 의학이 빨리 발전한 것은 이런 우수 인력들이 의대로 몰렸기 때문일 것이다. 그러나 국가 발전을 위해서는 모든 학문, 특히 과학의 균형적인 발달이 필수적인데 지금과 같이 최고 인재들이 의대로만 몰리는 것은 결코 바람직하지 않다.

가족의 권유로 적성에 맞지 않는 의대에 입학하여 고생하는 학생이나 수학·물리학·천문학 등 타 과학 분야에 더 많은 흥미를 보이는 의사들을 보면 참으로 안타깝게 생각된다. 또 다른 문제는 의학전문대학원제도가 이공계 인재육성에 심각한 지장을 주고 있다는 점이다. 따라서 더 늦기 전에 국가가 더욱 획기적인 이공계 지원정책을 펼쳐서 더 이상 수재들이 의대로만 몰리지 않고 원하는 전공을 선택할 수 있는 환경을 만들어 주어야 한다. 또한 과학 영재들을 발굴하여 창의력을 마음껏 발휘할 수 있도록 지원해 주어야 한다. 아울러 고등학교부터 문과반과 이과반으로 나누어서 학생들의 잠재능력을 일찍부터 제한해왔던 제도도 개선되어야 한다.

의학계에도 수재가 필요하지만 이과의 최고 수재들을 '싹쓸이'하는 것은 국가발전을 위해서도 바람직하지 않다. 천재 몇 명의 아이디어가 국가 장래를 책임질 수도 있는 세상이다. 이들을 발굴하고 키우는 것이 국가의 몫이다.

[독자 칼럼] 이공계가 망하면 의대도 망한다 조선일보 2007년 3월 21일

'180만원 상한' 연구원 월급 현실화, 정책 결정에 연구자 의견 반영돼야

올해 보건복지부 생명과학 관련 R&D 예산이 예고 없이 500억원 이상 삭감되어 졸지에 연구자들이 직장을 잃고 많은 과제들이 중단됐다. 재원 마련 대책도 없이 담뱃값 인상만 바라보다가 이에 실패하자 연구비를 대폭 삭감한 것이다. 현재 국가 지원 연구과제 규정에 의하면 연구원의 월 인건비 상한선은 박사급이 180만원, 학사급이 100만원이다. 따라서 이보다 월급을 더 주고 좋은 연구자를 유치하려면 규정을 위반해야 한다. 즉 선의의 연구 책임자들을 정부가 범법자로 몰아가고 있는 게 현실이다. 또 연구원 대부분은 임시직으로, 과제가 중단되거나 끝나면 실업자가 된다. 사정이 이러니 해외에서 공부한 과학도들이 귀국하지 않는 게 당연하고, 수많은 이공계 학생들은 의대로 몰릴 수밖에 없다. 국내 환경이 이같이 열악한데 어떻게 학생들에게 이공계를 택하라고 할 수 있는가?

최근 포스텍의 일등 졸업생이 의대로 편입해 충격을 주었다. '포스텍 일등'만 빼면 이공계 우수 졸업생의 의대 편입은 늘 있던 일이다. 의학전문대학원(의전원)은 물론 6년제 의대에도 국내 최고 이공계 대학을 다녔던 학생들이 수두룩하다. 그리고 이 순간에도 많은 이공계 학생들이 비싼 학원비를 내고 의전원 입시학원에 다니고 있다.

이공계 수재들이 모두 의학을 공부한다면 의학은 세계 최고 수준으로 발전할까? 절대 그렇지 않다. 이공계가 망하면 의학도 같이 망하게 된다. 훌륭한 의학 연구에는 훌륭한 이공계 연구원이 같이해야 하기 때문이다. 또 다른 이유는 의전원 학생들의 '고령화' 때문이다. 현재 의전원 입학생들의 평균 나이는 28세로 이들이 군 복무, 일반 대학, 의전원 졸업, 졸업 후 수련 등 모든 과정을 마치고 나면 이미 40대에 들어선다. 생물학적으로, 경제적으로 연구는 꿈도 꾸기 어렵다. 그리고 이들이 연구에 몸담지 않을 또 다른 이유는 이들이 이미 이공계 연구의 길이 험난하다는 것을 현장에서 목격하였고, 바로 그 이유 때문에 진로를 바꾸어 의전원에 온 사람들이기 때문이다. 애초에 정부가 모든 의대에 의전원으로의 전환을 강요한 명분이 사교육비 절감, 인성교육 강화 그리고 연구능력 강화였는데 이 목적들이 완전히 실패했음이 드러나는 대목이다.

더 늦기 전에 대책을 마련해야 한다. 우선 연구비 자체를 증액해야 한다. 낭비되는 세금의 일부라도 과감하게 이공계에 투자해야 한다. 연구원의 월급을 현실화하고, 우수 인력이 연구에만 몰두할 수 있도록 제도적인 뒷받침을 해주어야 한다. 그리고 무엇보다도 R & D 관련 정책 결정이 행정 공무원의 탁상공론으로 이루어져서는 안 된다. 현장에서 온갖 어려움을 직접 체험하고 있는 연구자들의 생생한 목소리가 반영되어야 한다. 끝으로 정부가 일방적으로 모든 의대에 강요하고 있는 의전원제도에 대한 심각한 재고도 필요하다.

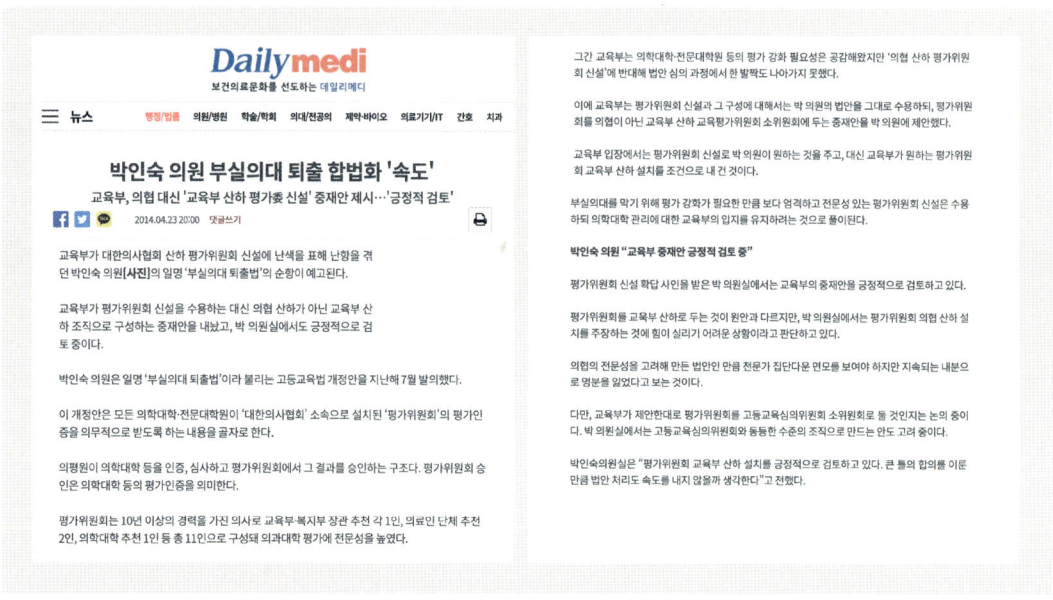

박인숙 의원 부실의대 퇴출 합법화 '속도' 데일리메디 2014년 4월 23일

교육부, 의협 대신 '교육부 산하 평가委 신설' 중재안 제시…'긍정적 검토'

교육부가 대한의사협회 산하 평가위원회 신설에 난색을 표해 난항을 겪던 박인숙 의원[사진]의 일명 '부실의대 퇴출법'의 순항이 예고된다.

교육부가 평가위원회 신설을 수용하는 대신 의협 산하가 아닌 교육부 산하 조직으로 구성하는 중재안을 내놨고, 박 의원실에서도 긍정적으로 검토 중이다.

박인숙 의원은 일명 '부실의대 퇴출법'이라 불리는 고등교육법 개정안을 지난해 7월 발의했다.

이 개정안은 모든 의학대학·전문대학원이 '대한의사협회' 소속으로 설치된 '평가위원회'의 평가인증을 의무적으로 받도록 하는 내용을 골자로 한다.

 의평원이 의학대학 등을 인증, 심사하고 평가위원회에서 그 결과를 승인하는 구조다. 평가위원회 승인은 의학대학 등의 평가인증을 의미한다.

평가위원회는 10년 이상의 경력을 가진 의사로 교육부·복지부 장관 추천 각 1인, 의료인 단체 추천 2인, 의학대학 추천 1인 등 총 11인으로 구성돼 의과대학 평가에 전문성을 높였다.

그간 교육부는 의학대학·전문대학원 등의 평가 강화 필요성은 공감해왔지만 '의협 산하 평가위원회 신설'에 반대해 법안 심의 과정에서 한 발짝도 나아가지 못했다.

이에 교육부는 평가위원회 신설과 그 구성에 대해서는 박 의원의 법안을 그대로 수용하되, 평가위원회를 의협이 아닌 교육부 산하 교육평가위원회 소위원회에 두는 중재안을 박 의원에 제안했다.

교육부 입장에서는 평가위원회 신설로 박 의원이 원하는 것을 주고, 대신 교육부가 원하는 평가위원회 교육부 산하 설치를 조건으로 내 건 것이다.

부실의대를 막기 위해 평가 강화가 필요한 만큼 보다 엄격하고 전문성 있는 평가위원회 신설은 수용하되 의학대학 관리에 대한 교육부의 입지를 유지하려는 것으로 풀이된다.

박인숙 의원 "교육부 중재안 긍정적 검토 중"

평가위원회 신설 확답 사인을 받은 박 의원실에서는 교육부의 중재안을 긍정적으로 검토하고 있다.

평가위원회를 교육부 산하로 두는 것이 원안과 다르지만, 박 의원실에서는 평가위원회 의협 산하 설치를 주장하는 것에 힘이 실리기 어려운 상황이라고 판단하고 있다.

의협의 전문성을 고려해 만든 법안인 만큼 전문가 집단다운 면모를 보여야 하지만 지속되는 내분으로 명분을 잃었다고 보는 것이다.

다만, 교육부가 제안한대로 평가위원회를 고등교육심의위원회 소위원회로 둘 것인지는 논의 중이다. 박 의원실에서는 고등교육심의위원회와 동등한 수준의 조직으로 만드는 안도 고려 중이다.

박인숙의원실은 "평가위원회 교육부 산하 설치를 긍정적으로 검토하고 있다. 큰 틀의 합의를 이룬 만큼 법안 처리도 속도를 내지 않을까 생각한다"고 전했다.

교육부, 3년 6개월 만에 의대 평가기구로 의평원 인정

청년의사 2014년 5월 12일

관보에 인정기관 지정 공고…평가 통과 못한 의대 졸업자 2017년 국시응시 못해

[청년의사 신문 송수연] 한국의학교육평가원이 드디어 교육부로부터 고등교육 프로그램 평가·인증 인정기관으로 지정 받았다.

인정기관 지정 신청을 낸 지 3년 6개월여 만으로 앞으로 의평원에서 실시한 의대 평가인증은 법적 효력을 갖게 된다.

교육부는 12일 의평원을 고등교육 프로그램 평가인증 인정기관으로 지정했다고 공고했다. 이번 지정은 오는 2019년 5월 11일까지 5년 동안 유효하다.

이에 따라 의평원이 실시한 의대 평가인증을 통과하지 못한 의대를 졸업한 학생은 오는 2017년부터 의사국가시험을 볼 수 없다.

현재까지 의대 평가인증을 통과하지 못한 곳은 서남의대가 유일하다.

의평원 안덕선 원장은 "우여곡절 끝에 결국 인정을 받았다"며 "교육부가 평가인증 기준을 낮추라는 요구를 해 왔지만 이는 수용할 수 없는 것으로 기존 평가인증 기준 그대로 인정을 받았다"고 말했다.

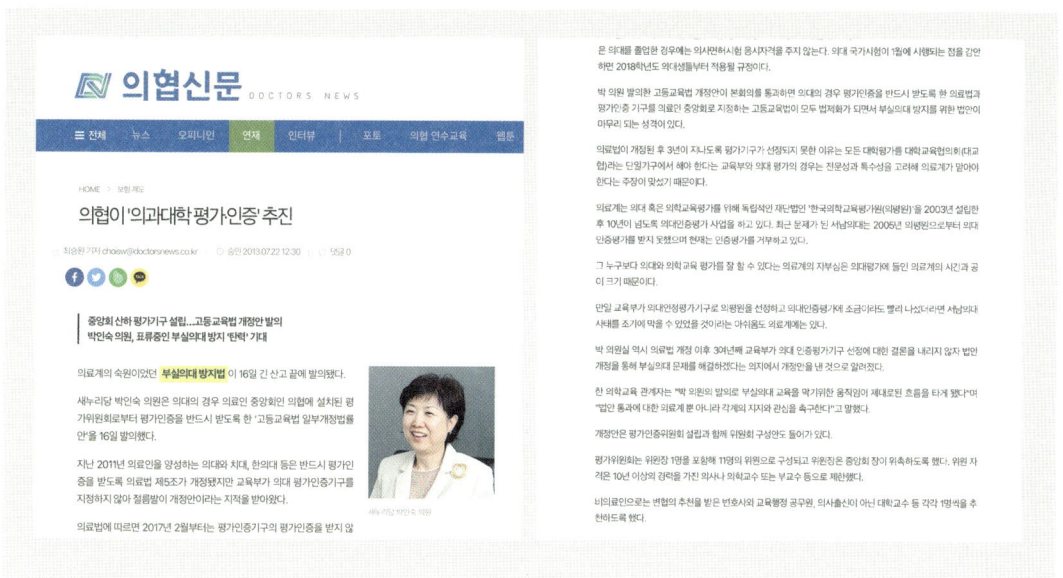

의협이 '의과대학 평가·인증' 추진

의협신문 2013년 7월 22일

중앙회 산하 평가기구 설립...고등교육법 개정안 발의
박인숙 의원, 표류중인 부실의대 방지 '탄력' 기대

의료계의 숙원이었던 부실의대 방지법이 16일 긴 산고 끝에 발의됐다.

새누리당 박인숙 의원은 의대의 경우 의료인 중앙회인 의협에 설치된 평가위원회로부터 평가인증을 반드시 받도록 한 '고등교육법 일부개정법률안'을 16일 발의했다.

지난 2011년 의료인을 양성하는 의대와 치대, 한의대 등은 반드시 평가인증을 받도록 의료법 제5조가 개정됐지만 교육부가 의대 평가인증기구를 지정하지 않아 절름발이 개정안이라는 지적을 받아왔다.

의료법에 따르면 2017년 2월부터는 평가인증기구의 평가인증을 받지 않은 의대를 졸업한 경우에는 의사면허시험 응시자격을 주지 않는다. 의대 국가시험이 1월에 시행되는 점을 감안하면 2018학년도 의대생들부터 적용될 규정이다.

박 의원 발의한 고등교육법 개정안이 본회의를 통과하면 의대의 경우 평가인증을 반드시 받도록 한 의료법과 평가인증 기구를 의료인 중앙회로 지정하는 고등교육법이 모두 법제화가 되면서 부실의대 방지를 위한 법안이 마무리 되는 성격이 있다.

의료법이 개정된 후 3년이 지나도록 평가기구가 선정되지 못한 이유는 모든 대학평가를 대학교육협의회(대교협)라는 단일기구에서 해야 한다는 교육부와 의대 평가의 경우는 전문성과 특수성을 고려해 의료계가 맡아야한다는 주장이 맞섰기 때문이다.

의료계는 의대 혹은 의학교육평가를 위해 독립적인 재단법인 '한국의학교육평가원(의평원)'을 2003년 설립한 후 10년이 넘도록 의대인증평가 사업을 하고 있다. 최근 문제가 된 서남의대는 2005년 의평원으로부터 의대인증평가를 받지 못했으며 현재는 인증평가를 거부하고 있다.

그 누구보다 의대와 의학교육 평가를 잘 할 수 있다는 의료계의 자부심은 의대평가에 들인 의료계의 시간과 공이 크기 때문이다.

만일 교육부가 의대인정평가기구로 의평원을 선정하고 의대인증평가에 조금이라도 빨리 나섰더라면 서남의대 사태를 조기에 막을 수 있었을 것이라는 아쉬움도 의료계에는 있다.

박 의원실 역시 의료법 개정 이후 3여년째 교육부가 의대 인증평가기구 선정에 대한 결론을 내리지 않자 법안 개정을 통해 부실의대 문제를 해결하겠다는 의지에서 개정안을 낸 것으로 알려졌다.

한 의학교육 관계자는 "박 의원의 발의로 부실의대 교육을 막기위한 움직임이 제대로된 흐름을 타게 됐다"며 "법안 통과에 대한 의료계 뿐 아니라 각계의 지지와 관심을 촉구한다"고 말했다.

개정안은 평가인증위원회 설립과 함께 위원회 구성안도 들어가 있다.

평가위원회는 위원장 1명을 포함해 11명의 위원으로 구성되고 위원장은 중앙회 장이 위촉하도록 했다. 위원 자격은 10년 이상의 경력을 가진 의사나 의학교수 또는 부교수 등으로 제한했다.

비의료인으로는 변협의 추천을 받은 변호사와 교육행정 공무원, 의사출신이 아닌 대학교수 등 각각 1명씩을 추천하도록 했다.

고등교육법 일부개정 법률안 "부실의대 방지법" "의평원법"

고등교육법 일부개정법률안
(박인숙의원 대표발의)

의안번호	6007

발의연월일 : 2013. 7. 16.
발 의 자 : 박인숙·박민수·나성린
김성태·이재오·홍지만
김한표·이현재·서상기
김명연 의원(10인)

제안이유 및 주요내용

현행법은 대학이 학교의 조직·운영 및 시설 등에 관한 사항을 자체 점검·평가하도록 하면서, 일정 기준을 충족하는 평가인정기관을 통해 대학운영의 전반과 교육과정 운영을 평가인증 할 수 있도록 규정하여 대학의 교육역량을 강화하고 책무성을 제고하도록 하고 있음.

그러나 국민의 건강과 생명에 직접적인 영향을 주고 있는 의과대학 중 일부 대학에서 자체평가결과를 허위로 공시하거나 평가인정기관의 평가인증을 거부하는 등의 문제가 발생되어 부실한 의학교육에 대한 논란이 제기된바 있어 고등교육의 평가체제를 개선할 필요성이 있음.

이에 의료인 중 의사의 양성을 목적으로 하는 대학 및 전문대학원 등의 경우에는 「의료법」에 따른 의사회 중앙회 소속으로 설치된 평가위원회의 평가인증을 의무적으로 받도록 함으로써 대학의 경쟁력을 강화하고 고등교육의 질을 제고하려는 것임(안 제11조의2제4항 및 제11조의3 신설).

5. 의사 면허국 신설

[독자 칼럼] '보건의료인 면허국' 신설 필요하다

조선일보 2008년 9월 16일

최근 수련의들에 대한 폭행, 성추행, 정신병원 환자 학대에서 환자를 성폭행한 의사에 이르기까지, 의사와 관련된 불미스러운 보도들이 잇달았다. 어느 집단에나 부도덕한 사람들은 섞이게 마련이지만, 생명을 다루는 의사 사회에서 이런 일들이 벌어지고 있다는 것은 큰 충격이다. 특히 이런 일들이 어제 오늘 일어난 새삼스런 일들이 아니라, 과거에도 여러 차례 문제가 됐었고 앞으로도 재발 가능성이 높다는 점이 큰 문제다.

현행법에 따르면 의사가 아무리 큰 잘못을 저질러도 의사 단체가 자체적으로 징계할 수 있는 방법은 협회 윤리위원회의 경고나 심해야 회원자격 정지뿐이다. 이로 인한 불이익은 거의 없어 사실상 자체 징계가 불가능한 셈이다. 피해당사자가 고발하여 유죄 판결을 받으면 그에 따른 처벌이 유일한 징계다. 사안이 중대한 경우 보건복지가족부에서 면허를 일시정지 또는 취소할 수 있기는 하지만, 아무리 큰 잘못을 저질렀어도 법원의 최종 판결이 날 때까지 그 의사는 아무런 제재 없이 마음껏 의료 활동을 할 수 있다. 수련의에 대한 신체적 혹은 언어 폭력은 아예 '관행'으로 간주되는 게 일부 의사 사회의 풍토다.

이와 같은 분위기와 제도상 허점 때문에 사건이 터질 때마다 일반인들은 자체 징계를 하지 않는, 아니 할 수 없는, 의사 단체를 제 식구만 감싸는 부도덕한 집단으로 보게 된다. 이는 의사 전체에 대한 불신으로 이어져 왔다. 이의 개선을 위해 의사단체들은 부도덕한 의사에 대한 직접 징계권을 정부에 요청해 왔으나, 아직까지 받아들여지지 않고 있다. 앞으로도 받아들여질 가능성이 매우 낮아 보인다.

미국은 각 주마다 주 정부 산하에 의사면허국이라는 독립기구가 있어, 면허시험과 면허 부여 및 갱신, 징계 등 의사자격 관련 모든 업무를 주관한다. 이 기구의 핵심은 의사, 법률가, 일반인, 주정부 관리 등 십여 명으로 구성된 심의위원회이다. 텍사스 주 의사면허국의 경우, 매 6개월마다 발행하는 소식지 지면의 90% 이상을 징계관련 기사가 차지할 정도로 징계받는 의사들을 단 한 명도 빠짐없이 공개하고 있다. 의사 이름은 물론, 면허번호, 지역, 불법 또는 부도덕한 행위의 구체적인 설명, 벌금 액수, 면허 정지 또는 취소 여부, 윤리교육 또는 보수교육 명령 등 징계범위도 소상히 밝히고 있다. 모든 심의절차가 원칙과 규정에 따라 공정하게 이루어지기 때문에 징계받는 의사의 인권이나 사생활 침해에 대한 항의는 애초에 엄두도 낼 수 없다. 징계사유라는 것들도 우리 눈으로 보면 하찮다고 생각되는 간단한 언어폭력에서부터 마약 복용 등 다양하며 매 사안에 대한 징계기준이 얼마나 엄격한지 혀를 내두를 정도이다.

과거에 눈감아 주던 그릇된 '관행'들을 더 이상 용납해서는 안 된다. 우리도 외국처럼 의사를 포함한 모든 보건의료관련 전문직 종사자들의 자격시험과 이미 면허를 취득한 전문가들에 대한 효율적인 관리와 공정한 징계를 담당할 '보건의료인 면허국' 같은 중립적 독립기구를 설치해야 할 때다.

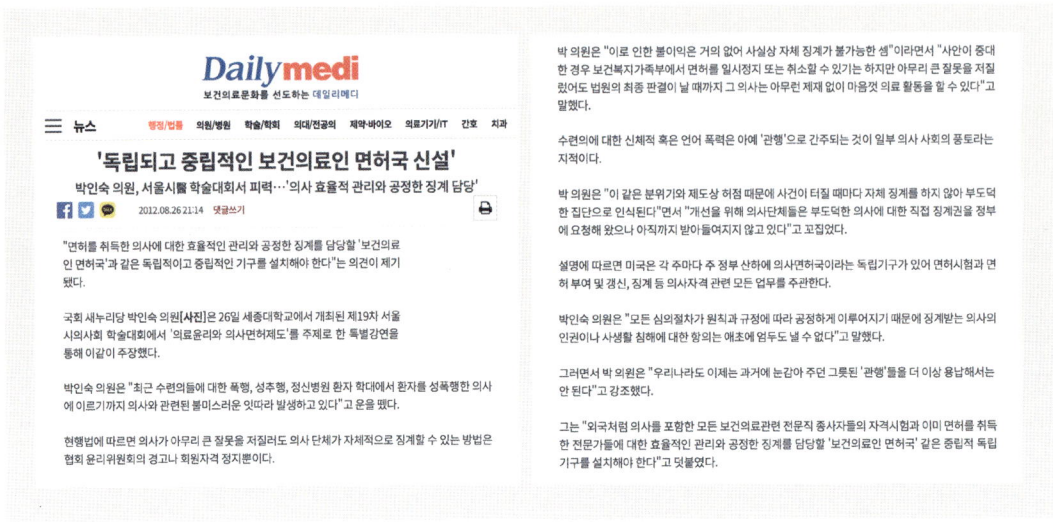

'독립되고 중립적인 보건의료인 면허국 신설'

데일리메디 2012년 8월 26일

박인숙 의원, 서울시醫 학술대회서 피력…'의사 효율적 관리와 공정한 징계 담당'

"면허를 취득한 의사에 대한 효율적인 관리와 공정한 징계를 담당할 '보건의료인 면허국'과 같은 독립적이고 중립적인 기구를 설치해야 한다"는 의견이 제기됐다.

국회 새누리당 박인숙 의원[사진]은 26일 세종대학교에서 개최된 제19차 서울시의사회 학술대회에서 '의료윤리와 의사면허제도'를 주제로 한 특별강연을 통해 이같이 주장했다.

박인숙 의원은 "최근 수련의들에 대한 폭행, 성추행, 정신병원 환자 학대에서 환자를 성폭행한 의사에 이르기까지 의사와 관련된 불미스러운 잇따라 발생하고 있다"고 운을 뗐다.

현행법에 따르면 의사가 아무리 큰 잘못을 저질러도 의사 단체가 자체적으로 징계할 수 있는 방법은 협회 윤리위원회의 경고나 회원자격 정지뿐이다.

박 의원은 "이로 인한 불이익은 거의 없어 사실상 자체 징계가 불가능한 셈"이라면서 "사안이 중대한 경우 보건복지가족부에서 면허를 일시정지 또는 취소할 수 있기는 하지만 아무리 큰 잘못을 저질렀어도 법원의 최종 판결이 날 때까지 그 의사는 아무런 제재 없이 마음껏 의료 활동을 할 수 있다"고 말했다.

수련의에 대한 신체적 혹은 언어 폭력은 아예 '관행'으로 간주되는 것이 일부 의사 사회의 풍토라는 지적이다.

박 의원은 "이 같은 분위기와 제도상 허점 때문에 사건이 터질 때마다 자체 징계를 하지 않아 부도덕한 집단으로 인식된다"면서 "개선을 위해 의사단체들은 부도덕한 의사에 대한 직접 징계권을 정부에 요청해 왔으나 아직까지 받아들여지지 않고 있다"고 꼬집었다.

설명에 따르면 미국은 각 주마다 주 정부 산하에 의사면허국이라는 독립기구가 있어 면허시험과 면허 부여 및 갱신, 징계 등 의사자격 관련 모든 업무를 주관한다.

박인숙 의원은 "모든 심의절차가 원칙과 규정에 따라 공정하게 이루어지기 때문에 징계받는 의사의 인권이나 사생활 침해에 대한 항의는 애초에 엄두도 낼 수 없다"고 말했다.

그러면서 박 의원은 "우리나라도 이제는 과거에 눈감아 주던 그릇된 '관행'들을 더 이상 용납해서는 안 된다"고 강조했다.

그는 "외국처럼 의사를 포함한 모든 보건의료관련 전문직 종사자들의 자격시험과 이미 면허를 취득한 전문가들에 대한 효율적인 관리와 공정한 징계를 담당할 '보건의료인 면허국' 같은 중립적 독립기구를 설치해야 한다"고 덧붙였다.

의사면허제도 선진화 모색을 위한 토론회

2010년 3월 26일

6. 의료의 지역 간 불균형

현재 우리나라의 많은 문제들이 수도권과 비 수도권 간의 불균형 때문인데 의료에서도 같은 문제가 심각하며 시간이 지날수록 좋아지기는 커녕 더욱 악화하고 있다.

심지어 최근에는 지방 의대 학생들이 자퇴하고 수도권 의대로 다시 입학하는 사례들도 적지 않게 알려지면서 문제의 심각함을 보여주고 있다. 비 수도권 의대 졸업생들도 수련 후 졸업한 대학의 지역에 남지 않고 수도권으로 이동하는 경우도 많다. 이런 사례 때문에 비 수도권 의대 입학 시 부여하는 지역 인재 특례 제도를 무색하게 하고 있다.

이에 대한 원인 분석과 대책을 고민해 본다. 지역 불균형이 지속되며 더욱 악화되는 악순환의 고리를 끊고 이를 선순환 구조로 바꾸어야 한다.

의료 서비스 이외 대한민국의 여러 문제들이 수도권 집중, 지방 소멸, 특히 지방의 인구감소가 중요한 배경이라고 생각된다. 저출산 때문에 이런 문제가 더욱 가속화되고 있는데 의료의 불균형이 지방 소멸을 더욱 가속화 시킨다고 보이므로 지금이라도 의료계가 지방 의료 살리기에 앞장서야 한다.

지역 간 불균형이 개선되지 않으면 필수의료 문제도 해결되기 어렵다.

비수도권에서 의사 구하기 더 어려워진 이유

- 비수도권 병원 / 지자체 의료원 투자 부족으로 진료 환경 열악
- 진료 팀 기능 어렵다.
- 의사들 전공 살리기 어렵다.
- 자녀교육, 문화생활, 사회생활 어려움
- 수도권 병상 수 급증
- 교통수단 발달
- 공중보건의 감소

지역불균형 원인

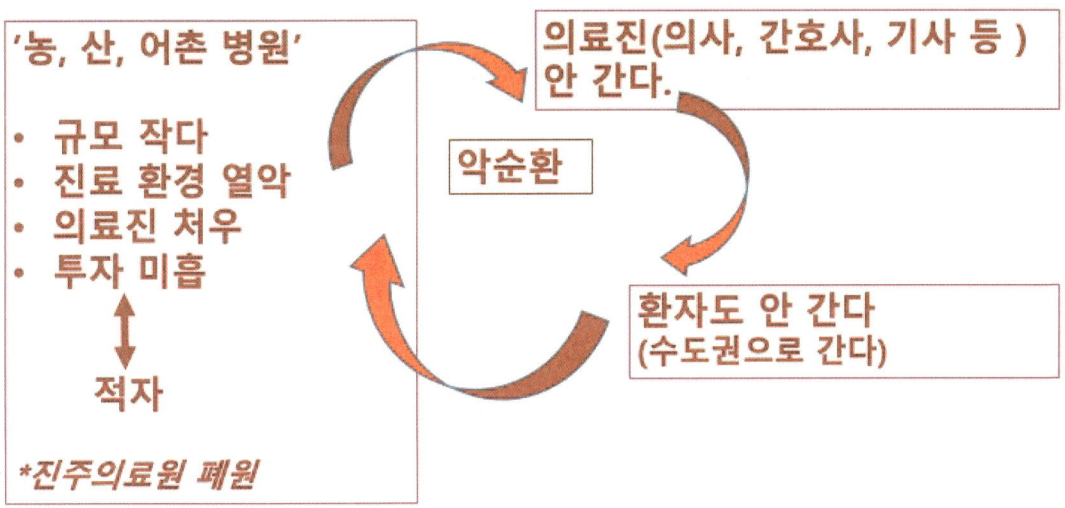

'농, 산, 어촌 병원'
- 규모 작다
- 진료 환경 열악
- 의료진 처우
- 투자 미흡

↕ 적자

*진주의료원 폐원

의료진(의사, 간호사, 기사 등) 안 간다.

악순환

환자도 안 간다 (수도권으로 간다)

지역불균형 대책

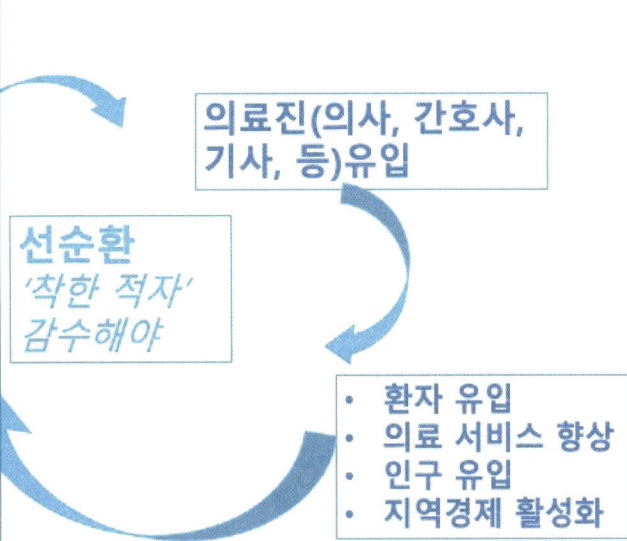

중앙 정부와 지방자치 단체의 과감한 투자가 필수

1. 비수도권 지자체 소속 '공공병원' 규모 키운다.
   300~500 병상 규모로
2. 진료 환경 개선
   시설, 장비, 인력에 투자
3. 지역 인센티브 제도 도입
   - 지역 주민 진료 시 수가 혜택
   - 지역 인재의 개원/취업 시 인센티브 제공 및 세제 혜택
4. 지역 의대와 협력 체결, 임상교수제도 도입, 출장진료소 설치 등
5. 빠른 환자 이송 시스템 구축
   응급구조사, 구급차, 구급헬기 등 확보
6. 수도권 병상 수 제한

의료진(의사, 간호사, 기사, 등) 유입

선순환
'착한 적자' 감수해야

- 환자 유입
- 의료 서비스 향상
- 인구 유입
- 지역경제 활성화

7. 한방대책, 의료일원화

전 세계에서 의료가 의학(현대의학)과 한의학으로 분명하게 나뉘어져 있는 나라는 우리나라가 유일하다. 이 때문에 엄청난 국민적 혼란, 고학력 인재 낭비, 국민 의료비 낭비, 국가건강보험 낭비, 끊임없는 갈등, 고소 고발 등 으로 인한 피해는 실로 막대하다. 의학과 한방을 합하려는 의료일원화 노력이 지난 수 십 년 간 이어져 왔으나 해결의 기미가 보이지 않고 오히려 악화, 고착화되는 추세이다. 어떤 형식으로 든 의료 일원화가 이루어져야 한다.

최근 언론에서 보이는 한방 관련 몇 가지 문제들

- 한의사 국시에 CT 영상, 심전도 등 포함
- 허위 광고, 비과학적 과장, '가짜' 뉴스, 난치병 '완치' 광고
- '4개월 미만 아기들에게 한약 주어도 된다' 는 광고
- COPD, 비염, 관절질환, 간질, 발달장애, 자폐 를 한방으로 '완치' 광고

임상시험 면제 한약서 10종 안전성, 유효성 심사 제외

한의서	시대	연도	저자
향약집성방	조선	1431년	유효통, 노중례, 박윤덕 등
입학입문	명나라	1575년	이천
본초강목	명나라	1596년	이시진
동의보감	조선	1610년	허준
수세보원	명나라	1615년	공정현
경악전서	명나라	1624년	장개빈
광제비급	조선	1790년	이경화
제중신편	조선	1799년	강명길
방약합편	조선	1884년	황필수
동의수세보원	대한제국	1901년	이제마

나온 지 '짧게는' 122년에서 길게는 592년이나 되는 이 10개의 한약 고서대로 조제하면 임상시험이 면제되도록 규정하고 있는 이 행정규칙은 반드시 개정되어야 한다.

한약(생약) 제제 등의 품목허가 신고에 관한 규정(행정규칙)

제 3장 한약(생약)제제 등의 안정성, 유효성 심사의 제24조에서 안정성, 유효성 심사를 면제해 주는 항목들을 정하고 있다.

→ 제 3장 제 2조, 제 14호 : '한약서란 **동의보감, 방약합편, 향약집성방, 경악전서, 의학입문, 제중신편, 광제비급, 동의수세보원, 본초강목** 및 「한약처방의 종류 및 조제방법에 관한 규정」(보건복지부 고시)'으로 정한 '한약조제지침서'를 말한다

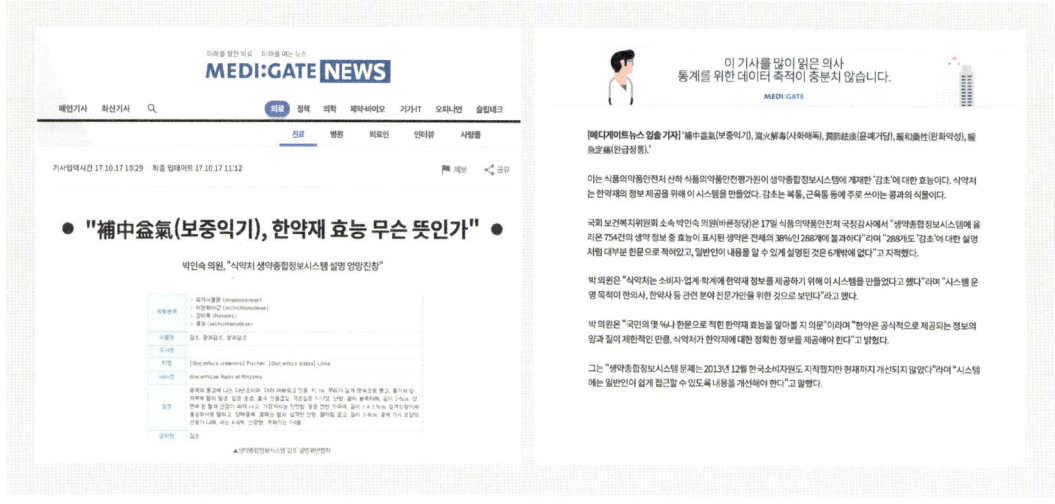

"補中益氣(보중익기), 한약재 효능 무슨 뜻인가"

메디게이트 2017년 10월 17일

박인숙 의원, "식약처 생약종합정보시스템 설명 엉망진창"

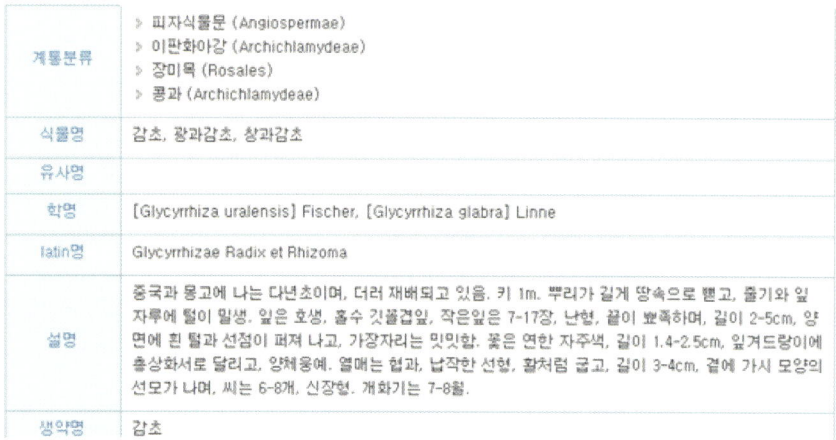

▲ 생약종합정보시스템 '감초'설명 화면캡처

[메디게이트뉴스 임솔 기자] '補中益氣(보중익기), 瀉火解毒(사화해독), 潤肺祛痰(윤폐거담), 緩和藥性(완화약성), 緩急定痛(완급정통).'

이는 식품의약품안전처 산하 식품의약품안전평가원이 생약종합정보시스템에 게재한 '감초'에 대한 효능이다. 식약처는 한약재의 정보 제공을 위해 이 시스템을 만들었다. 감초는 복통,

근육통 등에 주로 쓰이는 콩과의 식물이다.

국회 보건복지위원회 소속 박인숙 의원(바른정당)은 17일 식품의약품안전처 국정감사에서 "생약종합정보시스템에 올라온 754건의 생약 정보 중 효능이 표시된 생약은 전체의 38%인 288개에 불과하다"라며 "288개도 '감초'에 대한 설명처럼 대부분 한문으로 적혀있고, 일반인이 내용을 알 수 있게 설명된 것은 6개밖에 없다"고 지적했다.

박 의원은 "식약처는 소비자·업계·학계에 한약재 정보를 제공하기 위해 이 시스템을 만들었다고 했다"라며 "시스템 운영 목적이 한의사, 한약사 등 관련 분야 전문가만을 위한 것으로 보인다"라고 했다.

박 의원은 "국민의 몇 %나 한문으로 적힌 한약재 효능을 알아볼 지 의문"이라며 "한약은 공식적으로 제공되는 정보의 양과 질이 제한적인 만큼, 식약처가 한약재에 대한 정확한 정보를 제공해야 한다"고 밝혔다.

그는 "생약종합정보시스템 문제는 2013년 12월 한국소비자원도 지적했지만 현재까지 개선되지 않았다"라며 "시스템에는 일반인이 쉽게 접근할 수 있도록 내용을 개선해야 한다"고 말했다.

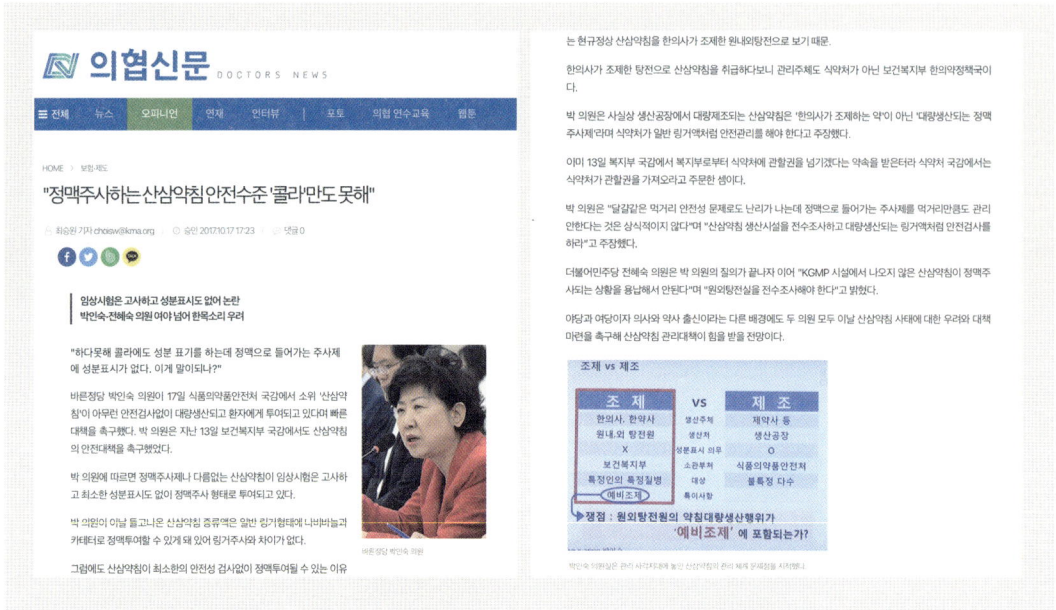

"정맥주사하는 산삼약침 안전수준 '콜라'만도 못해"

의협신문 2017년 10월 17일

임상시험은 고사하고 성분표시도 없어 논란
박인숙·전혜숙 의원 여야 넘어 한목소리 우려

"하다못해 콜라에도 성분 표기를 하는데 정맥으로 들어가는 주사제에 성분표시가 없다. 이게 말이되나?"

바른정당 박인숙 의원이 17일 식품의약품안전처 국감에서 소위 '산삼약침'이 아무런 안전검사없이 대량생산되고 환자에게 투여되고 있다며 빠른 대책을 촉구했다. 박 의원은 지난 13일 보건복지부 국감에서도 산삼약침의 안전대책을 촉구했었다.

박 의원에 따르면 정맥주사제나 다름없는 산삼약침이 임상시험은 고사하고 최소한 성분표시도 없이 정맥주사 형태로 투여되고 있다.

박 의원이 이날 들고나온 산삼약침 증류액은 일반 링거형태에 나비바늘과 카테터로 정맥투여할 수 있게 돼 있어 링거주사와 차이가 없다.

그럼에도 산삼약침이 최소한의 안전성 검사없이 정맥투여될 수 있는 이유는 현규정상 산삼약침을 한의사가 조제한 원내외탕전으로 보기 때문.

한의사가 조제한 탕전으로 산삼약침을 취급하다보니 관리주체도 식약처가 아닌 보건복지부 한의약정책국이다.

박 의원은 사실상 생산공장에서 대량제조되는 산삼약침은 '한의사가 조제하는 약'이 아닌 '대량생산되는 정맥 주사제'라며 식약처가 일반 링거액처럼 안전관리를 해야 한다고 주장했다.

이미 13일 복지부 국감에서 복지부로부터 식약처에 관할권을 넘기겠다는 약속을 받은터라 식약처 국감에서는 식약처가 관할권을 가져오라고 주문한 셈이다.

박 의원은 "달걀같은 먹거리 안전성 문제로도 난리가 나는데 정맥으로 들어가는 주사제를 먹거리만큼도 관리안한다는 것은 상식적이지 않다"며 "산삼약침 생산시설을 전수조사하고 대량생산되는 링거액처럼 안전검사를 하라"고 주장했다.

더불어민주당 전혜숙 의원은 박 의원의 질의가 끝나자 이어 "KGMP 시설에서 나오지 않은 산삼약침이 정맥주사되는 상황을 용납해서 안된다"며 "원외탕전실을 전수조사해야 한다"고 밝혔다.

야당과 여당이자 의사와 약사 출신이라는 다른 배경에도 두 의원 모두 이날 산삼약침 사태에 대한 우려와 대책마련을 촉구해 산삼약침 관리대책이 힘을 받을 전망이다.

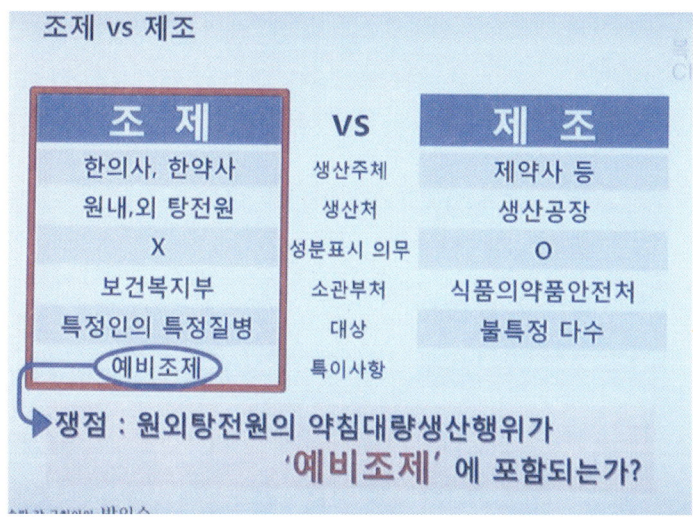

▲ 박인숙 의원실은 관리 사각지대에 놓인 산삼약침의 관리 체계 문제점을 지적했다.

'산삼약침'에 제동 건 대법원…"안전성·유효성 인정받아야"

청년의사 2019년 6월 28일

혈맥약침술 과다본인부담금 취소 소송서 "기존 약침술과 다르다" 원심 파기 환송

한방병원과 한의원에서 암환자 등에게 많이 시술하는 '산삼약침'에 대해 대법원이 안전성·유효성부터 검증받아야 한다며 제동을 걸었다.

'산삼약침'으로 불리는 혈맥약침술이 기존 약침술과 다르므로 환자들에게 시술하려면 신의료기술평가를 통해 안전성과 유효성부터 인정받아야 한다는 게 대법원 판단이다.

대법원은 지난 27일 부산에서 요양병원을 운영하는 한의사 A씨가 건강보험심사평가원을 상대로 제기한 과다본인부담금 확인처분 취소 소송에서 원심판결을 파기하고 사건을 서울고등법원으로 환송했다.

혈맥약침술이 비급여로 등재된 기존 약침술과 동일한 한방 의료행위라며 A씨의 손을 들어줬던 2심 판단이 뒤집힌 것이다(관련 기사 : 혈맥약침술 한방 의료행위 판결에 대한약침학회 '환영').

A씨는 자신이 운영하는 요양병원에서 암 환자에게 항암혈맥약침 치료를 하고 920만원을 받았다. 하지만 심평원은 지난 2014년 3월 혈맥약침술이 기존 약침술 범주에 해당하지 않는다며 환자에게 받은 920만원을 환급하라고 했다.

A씨는 이 처분이 부당하다며 소송을 제기했고 1심에서 패하자 항소해 2심에서는 이겼다. 하지만 심평원은 상고했고 대법원은 심평원의 처분이 합당하다고 판단했다.

대법원 "혈맥약침술, 기존 약침술과 다르므로 신의료기술평가 받아야"

대법원은 "혈맥약침술이 비급여 항목으로 등재된 약침술과 동일하거나 유사하다면 신의료기술평가를 받지 않아도 비급여 의료행위에 해당하지만 약침술로부터 변경한 정도가 경미하다고 볼 수 없다면 그렇지 않다"며 "햴맥약침술은 기존에 허용된 의료기술인 약침술과 비교할 때 시술의 목적, 부위, 방법 등에서 상당한 차이가 있고 그 변경 정도가 경미하지 않으므로 서로 동일하거나 유사하다고 볼 수 없다"고 지적했다.

대법원은 "A씨가 수진자(환자)들로부터 비급여 항목으로 혈맥약침술 비용을 지급받으려면 신의료기술평가 절차를 통해 안전성·유효성을 인정받아야 한다고 보는 게 타당하다"고 판단했다.

대법원이 이같이 판단한 데는 기존 약침술과 혈맥약침술은 시술 방법 자체가 다르다고 봤기 때문이다.

혈맥약침술은 산삼 등에서 정제·추출한 약물을 혈맥에 일정량 주입해 질병을 치료하는 방법으로 산삼약침으로 불린다. 한의사는 환자의 위팔을 고무줄로 압박해 정맥을 찾은 뒤 산양삼 증류·추출액 20~60㎖를 시술한다.

대법원은 "약침술은 한의학의 핵심 치료기술인 침구요법과 약물요법을 접목해 적은 양의 약물을 경혈 등에 주입해 치료 효과를 극대화시키는 의료기술이므로 침구요법을 전제로 약물요법을 가미한 것"이라며 "그러나 혈맥약침술은 침술에 의한 효과가 없거나 매우 미미하고 오로지 약품에 의한 효과가 극대화된 시술"이라고 했다.

대법원은 "원심은 혈맥약침술이 약침술과 본질적인 차이가 없고 수진자들로부터 본인부담금을 지급받기 위해 신의료기술평가가 선행돼야 한다고 볼 수도 없다는 이유로 이 사건 처분이 위법하다고 판단했다"며 "이런 원심 판단에는 의료법상 신의료기술평가제도에 관한 법리를 오해해 판결에 영향을 미친 잘못이 있다"고 지적했다.

대법원은 이에 "원심판결을 파기하고 사건을 다시 심리·판단하도록 원심법원에 환송한다"고 판결했다.

한편, 보조참가신청은 모두 각하했다. 이번 사건에는 대한한의사협회, 대한암한의학회 등이 원고(한의사) 측, 대한의사협회 등이 피고(심평원) 측으로 보조참가신청을 하면서 의협과 한의협 간 대리전 양상을 보이기도 했다.

대법원은 "원고 보조참가인들과 피고 보조참가인들이 주장하는 이해관계는 이 사건 소송의 결과에 대한 법률상의 이해관계라고 할 수 없으므로 보조참가신청 요건을 갖추지 못해 부적합하다"고 했다.

자동차보험 한방 진료

문제점
- 자동차보험 진료비 지출 증가
  → 자동차보험료 증가
- 국가 건보 재정 낭비
- 과잉진료, 도덕적 해이
- 의료 인력 낭비

대책 제안
- 자동차보험 한방 분리('옵션')
  (국회 정무위원회 소관)
  : *국회 입법조사처 보고서와 같은 결론*
- 국가보험도 한방 분리 고려
- 철저한 평가, 심사

교통사고 감소해도 늘어나는 '이상한' 한의과 자보 진료비
청년의사 2023년 7월 4일(의협 자동차보험 의원회)

입원 건당 진료비 비교

외래진료 건당 진료비 비교

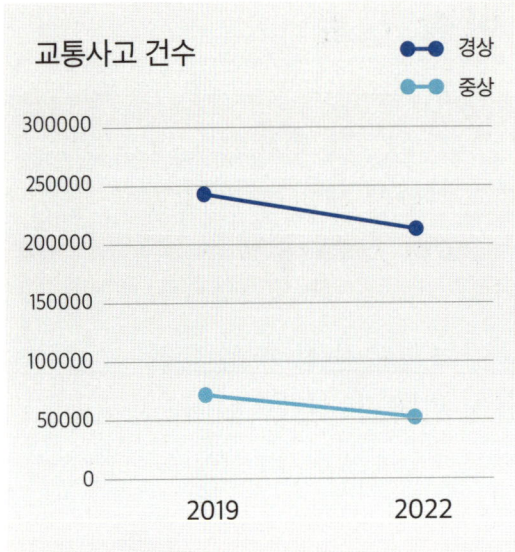
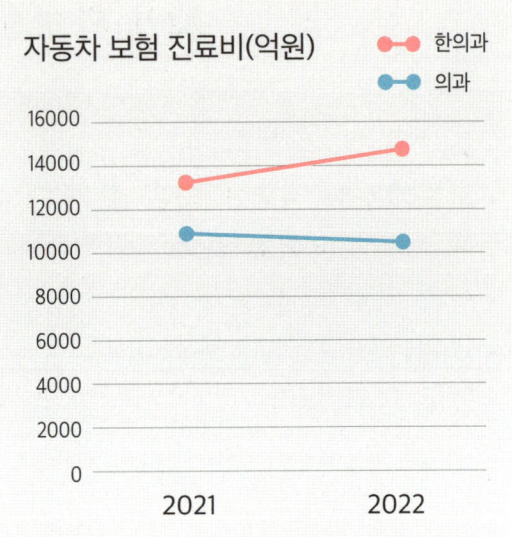
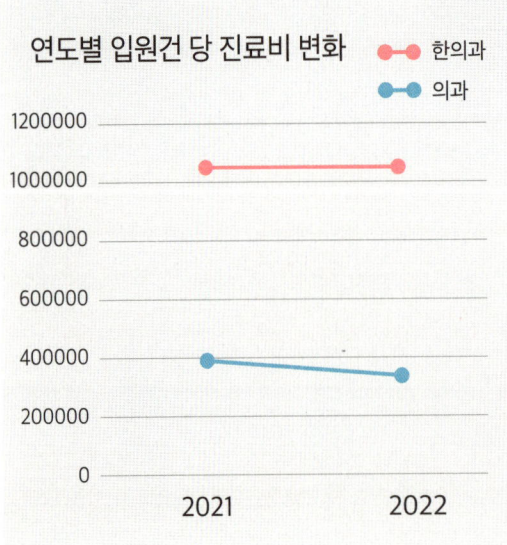

지자체의 한방 난임치료지원사업은 멈춰야한다

박인숙 페이스북 2022년 10월 24일

의협 한방대책특위 워크숍에 오랜만에 참석하여 강의하였고 유익한 토론 시간 가졌습니다.

특히 '지자체 한방난임치료 지원사업의 현황 및 문제점 분석' 강의를 해주신 김성원선생님의 깊이 있는 분석과 혜안, 노력에 감동 받았습니다.

*자세한 내용은 김성원선생님이 본인 페북에서 솔직하고 소상하게 알려줍니다.

정부와 지자체가 이런 자료를 참고하여 정책을 바로잡아야 하는데 그러지 않는 것 같아서 매우 우려됩니다.

다른 부분도 그렇지만 특히나 산모와 태아, 즉 생애 주기에서 가장 민감한 시기 most vulnerable period 에 놓여있는 '두 명의 생명체'에 대한, 어떠한 조치나 치료도 과하다 할 정도로 신중하게 접근해야 합니다. 그 것이 상식입니다.

그런데 정부와 지자체는 "용감해서? 포퓰리즘, 표 때문에?" 이러한 예민하고 중요한 정책을 전문가 의견에는 귀를 막고 고집을 부리며 일방적으로 밀어 부치는 것에 대하여 걱정과 안타까움을 넘어 심한 분노를 느낍니다.

전통적으로 임신 중에는 먹는 음식, 마시는 것, 복용하는 약, 보는 것, 듣는 것, 방문하는 곳, 만나는 사람, 생각하는 것, 등 등 소소한, 일상의 디테일까지도 민감하게 반응하는 산모들이 이런 치료방식은 너무 안이하게 생각해서 쉽게? 받아들이는 건 아닌지?

예비부모들, 특히 산모들이 깊이 생각해야 합니다.

 # 한방 치매치료 허위광고와 피해가 노인 치매 뿐 아니라 아이들 자폐에서도 똑 같이 심각한 문제를 일으키고 있다

박인숙 블로그 2022년 6월 24일

**한방 치매치료 허위광고와 피해가 노인 치매 뿐 아니라
아이들 자폐에서도 똑 같이 심각한 문제를 일으키고 있다.**

광고대로 정말 효과가 있다면 노벨의학상 수상 감이다. 노인 치매도 문제지만 더 큰 문제는 이런 허위광고가 절망에 빠져있는 자폐 스펙트럼 포함 발 장애 아이 부모들을 이중으로 울리는 피해를 준다는 것인데 이에 대한 정부 대처는 전혀 없다.

그 사이 지푸라기라도 잡고싶은 부모들의 다급한 심정을 악용하여 피해가 계속 불어나고 있다.

대단히 안타까운 상황이다.

자폐치료는 (치료효과가 입증되지 않았기 때문이라는 이유로) 건강보험 급여를 주지 않고 있다. 그런데 부모들은 효과가 전혀 검증되지도 않은 한방 치료에 돈을 쓰고있는 안타까운 일이 지속되고있다.

부모들은 효과있는 치료는 건보급여가 안되어 자비부담 하고있는데 이에 더해 효과는 없고 부작용만 우려되는 치료에까지 돈을 쓰는 절박한 상황이 대단히 안타깝다.

정부와 의료계의 관심과 대책마련이 시급하다.

'영유아 한의약건강증진 프로그램'을 보면 '안아키'가 떠오른다?

청년의사 2017년 10월 16일

국민의당 최도자·바른정당 박인숙 의원, 사업 부적절성 지적…"예산 낭비 우려 커"

한국건강증진개발원이 영유아를 대상으로 진행하고 있는 한의약건강증진 표준프로그램 시범사업의 목적과 내용이 부실하다는 지적이 제기됐다.

16일 열린 한국건강증진개발원 국정감사에서 의원들은 한의약건강증진 표준프로그램의 문제들을 지적했다.

특히 바른정당 박인숙 의원은 최근 사회적으로 문제가 된 안아키와 비슷한 사업이라며 강하게 비판했다.

한국건강증진개발원은 한의약건강증진 표준프로그램을 개발하고 해당 사업의 실증을 위한 시범사업을 추진하고 있다.

현재 어린이집 영유아(만 3~5세) 500명을 대상으로 9월부터 10월까지 총 6회 이상 프로그램을 진행하고 있다.

지난해 시범사업에서는 한방의료기관 견학, 한약재 28종 만져보기 등 체험활동, 풍부혈을 보호하는 스카프 착용 등이 진행됐으나 한의학 홍보에 치중되었다는 지적 탓에 올해 시범사업에서는 한약재 색칠공부와 도인체조 2가지로 구성됐다.

시범사업의 사업 목적 또한 '어린이집 영유아의 건강한 생활습관 형성을 통한 면역력 향상'으로 돼 있어 한의약건강증진사업과의 관련성도 마땅히 없는 상황이다.

국민의당 최도자 의원은 "한의약건강증진 표준프로그램 시범사업은 연구용역부터 시범사업이 진행되는 과정 동안 어린이집 보육교사와 협의 없이 보건 전문가와 한의사들만 참여해 영유아들의 눈높이를 맞추는데 실패했다"고 평가했다.

최 의원은 "한의약건강증진 표준프로그램 시범사업은 총체적 부실 논란이 초래되고 있다"며 "이번 시범사업 기간 동안 제기된 문제점의 해소 없이는 예산낭비 우려를 피할 수 없을 것"이라고 질타했다.

박인숙 의원 역시 개발원의 한의약 건강증진사업에서 추진하는 한방병원 방문이 건강증진사업과 상관이 없다고 지적했다.

박 의원은 "지역 내 한방의료기관 방문 프로그램 내용을 살펴보면 3~5세 영유아 20여명을 단체로 한방의료기관으로 데려가 진료실을 견학시키고 침, 뜸, 부황과 한방의료기기들을 보여준다는 내용이 포함돼 있다"며 "메르스 사태 후 각 병원, 지자체, 교육청 등은 병문안 문화 개선을 위해 12세 미만의 어린이의 경우 병문안 동행 자제를 권고하고 있는데 아이들을 일부러, 그것도 단체로 환자들이 오가는 의료기관 진료실 견학시키는 이 프로그램이 정상적인 발상에서 나온 것이 맞나"라고 질타했다.

박 의원은 영유아 한의약 건강증진사업 실효성 문제도 제기했다.

박 의원은 "영유아 대상 한의약 건강증진프로그램 개발이라는 제목으로 4,310만원을 들여 진행된 연구는 시범사업 결과 의료이용 일수와 결석, 지각, 조퇴 일수 변화, 한의약 육아지식 인지도와 건강행동실천도, 주당 간식류 섭취정도 등을 통해 결과를 측정하고 있었을 뿐 아이들의 건강상태 변화나 질병 증상호전 등에 대한 내용을 찾아볼 수 없다"고 지적했다.

박 의원은 "의료이용 일수와 결석, 지각, 조퇴일 수가 대조군에 비해 줄어들면 건강증진 프로그램이 효과가 있는 것인가"라며 "이 분석방식을 보고 안아키 한의사의 치료방식이 떠올랐다"고 언급하기도 했다.

한의사 현대 의료기기 사용, '면허와 규제를 혼동 말라'

의학신문 2017년 10월 13일

'교육기간, 10년과 몇 달이 같을 수 없어'…
'한의학은 배운대로 진단해야'

한의사 현대 의료기기 사용과 관련, 복지부가 면허와 규제를 혼동 말고 기기 사용을 허용해선 안된다는 주장이 제기됐다.

바른정당 박인숙 의원(사진)은 13일 열린 보건복지부 국정감사에서 한의사가 영상진단기기 등 현대 의료기기를 사용하는 것에 대해 의사 직능의 면허 범위는 규제 영역에서 다뤄선 안된다는 주장을 펼쳤다.

박인숙 의원은 "제가 의사이긴 하지만 지금 엑스레이 영상을 판독하라고 하면 할 수 있다고 장담할 수 없다"면서 "영상의학과 수련을 받으면 할 수 있을까 말까인 수준"이라고 밝혔다.

박 의원은 이어 "레지던트와 팰로우 등 10년이 넘는 수련기간을 거쳐야 제대로 볼 수 있는 행위를 한의계에서는 단지 몇 달만 배우면 된다고 생각하고 있다"면서 "이는 절대로 같을 수 없다"고 한의계의 주장을 일축했다.

지난 정권에서 정부가 규제기요틴에 한의사 현대 의료기기 사용을 '규제사항'으로 분류했는데 이는 면허와 규제를 혼동해 벌어진 결과라는 것이 박 의원의 주장이다.

박 의원은 "동네 아주머니가 법을 잘 알 수 있겠지만 그렇다고 해서 변호사 업을 할 수 없다"면서 "면허는 그 업무에 대한 정의를 함으로써 국가에서 그 업무에 대한 인정을 하는 형태"라고 설명했다.

이어 박 의원은 "한의사는 과거에 허준이 진단했던 방식, 즉 한의대에서 배운대로 진단을 하면 되며 만약 현대 의료기기를 사용해 진단을 하겠다면 의대에 입학해 배워야한다"고 강조했다.

[生生국감]박인숙 의원 "장관이라면 한의사에게 CT 판독받겠나?"

뉴데일리 2017년 10월 13일

의사출신 의원 "한의사 현대의료기기사용 '규제'와 '면허' 개념 헷갈리는 것" 일침

"장관이나 그 가족 건강에 질병이 의심돼 의료기관에 가서 CT를 찍는다면 한의사에게 판독 받겠는가?" 의사 출신 바른정당 박인숙 의원이 한의사들의 현대의료기기 사용 허용 문제를 놓고 정부에 일침을 가했다.

박인숙 의원은 13일 국회 보건복지위원회의 보건복지부 국정감사에서 "(현대의료기기 허용 문제에 대해) 본인이 의사이기 때문에 의사만을 위한다는 오해를 받을까 고민했지만 국민을 위해 꼭 발언해야겠다"고 운을 뗐다.

박 의원은 "X-레이와 CT(컴퓨터단층촬영기기) 등 진단용 방사선 발생 장치 사용을 한의사에게도 허용하려는 시도가 있는데 이는 아무나 판독할 수 있는 것이 아니다"라면서 "의대 공부와 전문의 공부 기간 등 십여년을 공부한 의사와 한의대를 졸업해 얼마간 교육받은 한의사 중 어떤 이의 판독을 더 믿겠느냐. 장관이라면 의사에게 가겠는가, 한의사에게 가겠느냐"고 물었다.

이어 박 의원은 "한의사들에게 현대의료기기 사용을 허용한다면 정부가 '규제'와 '면허'의 의미를 헷갈리는 것"이라고 지적하며 "국민을 설득하는 논리로 규제를 타파한다고 하면 안 된다"고 강조했다.

박 의원의 지적에 대해 복지부 박능후 장관은 "알겠다"고 짧게 답했다.

"이제 한의사들이 뇌파검사를 통해 치매, 파킨슨병을 합법적으로 진단한다"는 대법원 판결이 나왔다.

박인숙 블로그 2023년 8월 20일

"이제 한의사들이 뇌파검사를 통해 치매, 파킨슨병을 합법적으로 진단한다"는 대법원 판결이 나왔다.
판결문 전체가 총체적 무식의 극치이다. 경악을 금치 못하겠다.

한의사 뇌파검사 허용의 대법원 판단 근거 3가지
1. 관련 법령에 한의사가 뇌파계 사용을 <금지하는 규정이 없다>
2. 뇌파계가 <위해성이 없다>
3. 기기를 쓰는데 특별한 <임상 경력이나 전문지식도 필요하지 않다>.
대법원이 한의사의 뇌파계 사용이 기기를 이용한 망진(inspection)이나 문진(history taking)의 일종으로 볼 수 있다고 함.
EEG검사를 단순히 핸폰으로 머리사진 찍는 것 정도로 생각하나보다.

한의사 협회 관계자 :
1. 뇌파계의 위해성은 일반 체온계 수준으로 낮고
2. 이를 다루는데 전문 지식도 필요없다.
3. 이런 '규제'를 없애 국민의 진료선택권을 높여야 한다.

대법관이 <의사면허, 전문의면허>를 <규제>와 혼동하고 있다!
법의 근간을 흔드는 망언이다.
대법원 판결이라는 사실이 믿기지 않는다.
 · 금지한다는 조항이 없고,
 · 위해성이 없고,
 · 전문지식도 필요없다면
그러면 아무나, 아무행위나 다 해도 된다?
앞으로 국민이 입을 피해가 눈에 선하다.
그런데 국민은 잘 모른다. 국민계몽이 시급하다.
앞으로 또 어떤 망칙한 대법원 판결이 나올지, 어떻게 이런 판결을 뒤집을 수 있을지 큰 걱정이다.

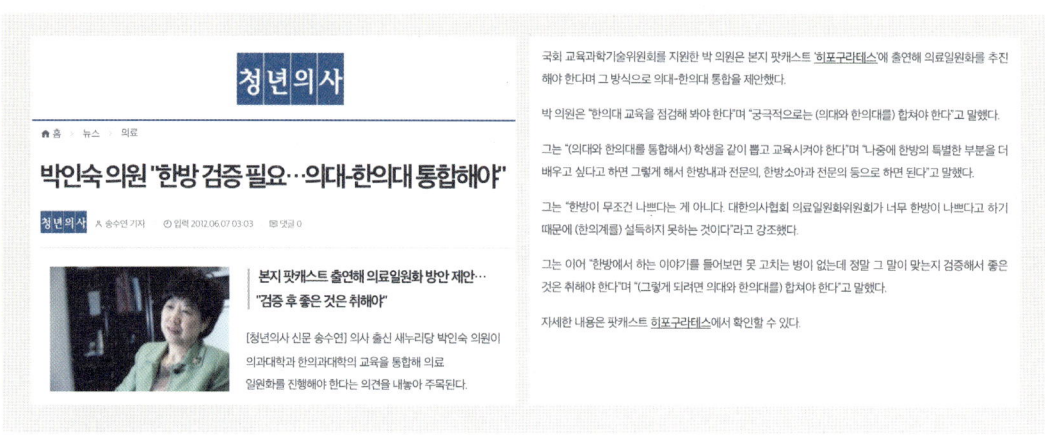

박인숙 의원 "한방 검증 필요…의대-한의대 통합해야"

청년의사 2012년 6월 7일

본지 팟캐스트 출연해 의료일원화 방안 제안…"검증 후 좋은 것은 취해야"

[청년의사 신문 송수연] 의사 출신 새누리당 박인숙 의원이 의과대학과 한의과대학의 교육을 통합해 의료일원화를 진행해야 한다는 의견을 내놓아 주목된다.

국회 교육과학기술위원회를 지원한 박 의원은 본지 팟캐스트 '히포구라테스'에 출연해 의료일원화를 추진해야 한다며 그 방식으로 의대-한의대 통합을 제안했다.

박 의원은 "한의대 교육을 점검해 봐야 한다"며 "궁극적으로는 (의대와 한의대를) 합쳐야 한다"고 말했다.

그는 "(의대와 한의대를 통합해서) 학생을 같이 뽑고 교육시켜야 한다"며 "나중에 한방의 특별한 부분을 더 배우고 싶다고 하면 그렇게 해서 한방내과 전문의, 한방소아과 전문의 등으로 하면 된다"고 말했다.

그는 "한방이 무조건 나쁘다는 게 아니다. 대한의사협회 의료일원화위원회가 너무 한방이 나쁘다고 하기 때문에 (한의계를) 설득하지 못하는 것이다"라고 강조했다.

그는 이어 "한방에서 하는 이야기를 들어보면 못 고치는 병이 없는데 정말 그 말이 맞는지 검증해서 좋은 것은 취해야 한다"며 "(그렇게 되려면 의대와 한의대를) 합쳐야 한다"고 말했다.

자세한 내용은 팟캐스트 히포구라테스에서 확인할 수 있다.

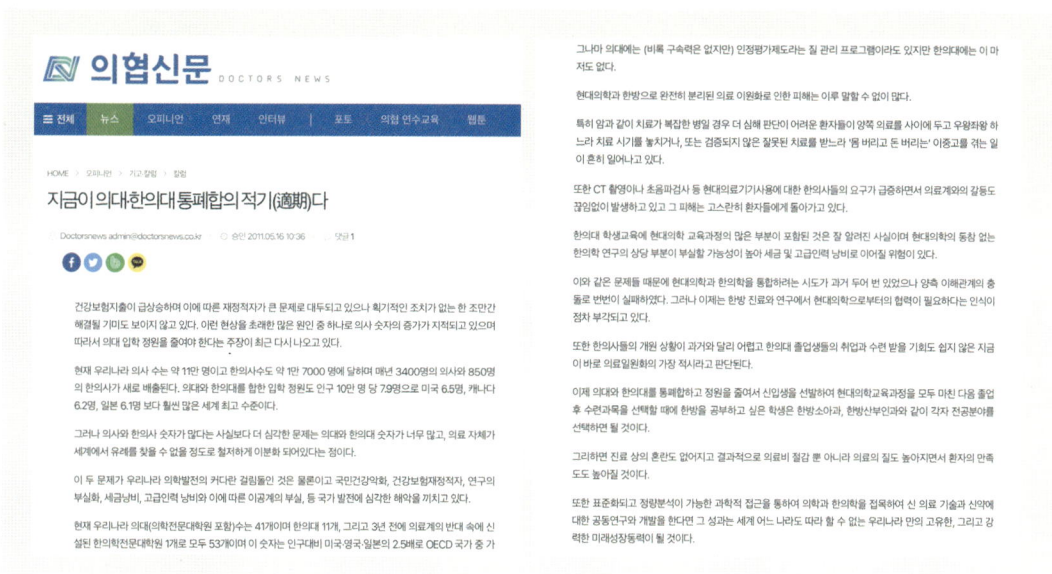

지금이 의대·한의대 통폐합의 적기(適期)다   의협신문 2011년 5월 16일

건강보험지출이 급상승하며 이에 따른 재정적자가 큰 문제로 대두되고 있으나 획기적인 조치가 없는 한 조만간 해결될 기미도 보이지 않고 있다. 이런 현상을 초래한 많은 원인 중 하나로 의사 숫자의 증가가 지적되고 있으며 따라서 의대 입학 정원을 줄여야 한다는 주장이 최근 다시 나오고 있다.

현재 우리나라 의사 수는 약 11만 명이고 한의사수도 약 1만 7000 명에 달하며 매년 3400명의 의사와 850명의 한의사가 새로 배출된다. 의대와 한의대를 합한 입학 정원도 인구 10만명 당 7.9명으로 미국 6.5명, 캐나다 6.2명, 일본 6.1명 보다 훨씬 많은 세계 최고 수준이다.

그러나 의사와 한의사 숫자가 많다는 사실보다 더 심각한 문제는 의대와 한의대 숫자가 너무 많고, 의료 자체가 세계에서 유례를 찾을 수 없을 정도로 철저하게 이분화 되어있다는 점이다.

이 두 문제가 우리나라 의학발전의 커다란 걸림돌인 것은 물론이고 국민건강악화, 건강보험 재정적자, 연구의 부실화, 세금낭비, 고급인력 낭비와 이에 따른 이공계의 부실, 등 국가 발전에 심각한 해악을 끼치고 있다.

현재 우리나라 의대(의학전문대학원 포함)수는 41개이며 한의대 11개, 그리고 3년 전에 의료계의 반대 속에 신설된 한의학전문대학원 1개로 모두 53개이며 이 숫자는 인구대비 미국·영국·일본의 2.5배로 OECD 국가 중 가장 많은 숫자이다.

이렇게 많다 보니 대학 간 교육의 질에도 큰 차이가 있어 교수와 학생 비율 한 가지만 보더라도 신입생 정원 50명에 총 교수 수가 불과 30명인 대학에서부터 입학정원 40명에 교수 수가 무려 604명인 대학도 있다.

그나마 의대에는 (비록 구속력은 없지만) 인정평가제도라는 질 관리 프로그램이라도 있지만 한의대에는 이 마저도 없다.

현대의학과 한방으로 완전히 분리된 의료 이원화로 인한 피해는 이루 말할 수 없이 많다.

특히 암과 같이 치료가 복잡한 병일 경우 더 심해 판단이 어려운 환자들이 양쪽 의료를 사이에 두고 우왕좌왕 하느라 치료 시기를 놓치거나, 또는 검증되지 않은 잘못된 치료를 받느라 '몸 버리고 돈 버리는' 이중고를 겪는 일이 흔히 일어나고 있다.

또한 CT 촬영이나 초음파검사 등 현대의료기기사용에 대한 한의사들의 요구가 급증하면서 의료계와의 갈등도 끊임없이 발생하고 있고 그 피해는 고스란히 환자들에게 돌아가고 있다.

한의대 학생교육에 현대의학 교육과정의 많은 부분이 포함된 것은 잘 알려진 사실이며 현대의학의 동참 없는 한의학 연구의 상당 부분이 부실할 가능성이 높아 세금 및 고급인력 낭비로 이어질 위험이 있다.

이와 같은 문제들 때문에 현대의학과 한의학을 통합하려는 시도가 과거 두어 번 있었으나 양측 이해관계의 충돌로 번번이 실패하였다. 그러나 이제는 한방 진료와 연구에서 현대의학으로부터의 협력이 필요하다는 인식이 점차 부각되고 있다.

또한 한의사들의 개원 상황이 과거와 달리 어렵고 한의대 졸업생들의 취업과 수련 받을 기회도 쉽지 않은 지금이 바로 의료일원화의 가장 적시라고 판단된다.

이제 의대와 한의대를 통폐합하고 정원을 줄여서 신입생을 선발하여 현대의학교육과정을 모두 마친 다음 졸업 후 수련과목을 선택할 때에 한방을 공부하고 싶은 학생은 한방소아과, 한방산부인과와 같이 각자 전공분야를 선택하면 될 것이다.

그리하면 진료 상의 혼란도 없어지고 결과적으로 의료비 절감 뿐 아니라 의료의 질도 높아지면서 환자의 만족도도 높아질 것이다.

또한 표준화되고 정량분석이 가능한 과학적 접근을 통하여 의학과 한의학을 접목하여 신 의료 기술과 신약에 대한 공동연구와 개발을 한다면 그 성과는 세계 어느 나라도 따라 할 수 없는 우리나라 만의 고유한, 그리고 강력한 미래성장동력이 될 것이다.

나아가서 통폐합 후 구속력 있는 인정평가제도를 도입한다면 학생교육의 질이 높아질 것이고 그 혜택은 고스란히 국민들에게 돌아갈 것이다.

의료계 당사자들과 정부 당국의 현명하고 과감한 결정을 기대한다.

[독자 칼럼] 한의학 전문대학원 신설 안 된다 　조선일보 2006년 8월 31일

정부가 국립대학에 한의학 전문대학원을 신설하겠다고 발표했다. 과거에도 이러한 시도가 있었으나 성사되지 못했다. 이번에는 정부에서 강경하게 밀어붙이니 여러 곳에서 서로 유치하려고 물밑 경쟁이 치열한 모양이다. 지금 현대의학과 한의학으로 나뉜 의료 이원화로 인한 피해가 막심한 상황인데, 이에 대한 아무런 해결책도 제시하지 못한 채 한의학 전문대학원을 만드는 것은 한의학과 현대의학의 상생에 오히려 역행하는 일이다.

우리나라에는 이미 의대 41개와 한의대 11개, 모두 52개의 '의과'대학이 있으며 인구 대비 의대 수가 미국, 영국, 일본의 2.5배로 OECD 국가 중 가장 많다. 그리고 우리나라는 의사면허증과 한의사면허증이 따로 있어서 병이 났을 때 현대의학을 공부한 의사에게 갈지 또는 한의사에게 갈지 온 국민이 혼란스러워하고 있다. 의사들이 환자들로부터 가장 자주 받는 질문은 "한약 먹어도 돼요?"이다. 또한 치료 시 설명되지 않는 부작용이 나타났을 때 의사가 환자에게 던지는 첫 번째 질문은 "한약 먹어요?"이다. 즉 국민 모두가 현대의학과 한방을 동시에 이용하면서도 만족도는 낮고 불안해하고 있다. 이와 같이 의료 이원화로 인한 문제들은 치료시기를 놓치거나 중복 치료에 따른 부작용, 개인과 국가의 의료비 중복 지출로 인한 경제적인 손실 등등 이루 말할 수 없이 많다.

한의학은 수술, 응급처치, 중환자 관리가 불가능하다는 점 등의 결함 때문에 단독 의술로 볼 수 없다. 또한 한의학은 한약제의 성분 분석, 정량화, 표준화가 되어 있지 않기 때문에 세계적인 경쟁력을 갖추기 어려워 현대의학과의 공동연구만이 살길이다. 반면에 현대의학도 해결되지 않은 문제들이 산적해 있어, 그 해결의 실마리를 한의학에서 찾으려는 노력이 필요하다. 현대의학의 치료약들도 원래 식물에서 발견된 것들이 많으므로 한약에도 분명 치료 효과를 가진 중요한 성분들이 있을 것이다. 그러므로 이를 과학적으로 증명하고 정량화, 표준화, 임상실험을 통하여 신약을 개발한다면 국가 경쟁력 향상에도 기여할 것이다. 일본의 경우 의과대학 안에 '한의학과'가 존재하여 양 의학의 공동연구를 진행하고 있다.

사정이 이러한데도 지금 한의학 전문대학원을 추가 신설한다는 것은 의료 이원화로 인한 부조리와 비효율 등 각종 문제들을 영구히 고착시키는 정책일 뿐이다. 이에 대한 가장 이상적인 대책은 의대와 한의대를 통폐합하고, 국고 지원과 정원 보장 등 지원책을 마련하여 세계적인 경쟁력을 갖춘 의대를 만드는 것이다. 이와 같은 논쟁을 밥그릇 싸움으로 보아서는 안 된다. 이는 국민건강의 백년대계를 세우는 일의 초석이다.

지금처럼 환자들이 우왕좌왕하면서 돈 버리고 병 키우고, 의사 집단과 한의사 집단이 서로 반목하고 불신하는 상황을 그대로 내버려 두는 것은 의료인과 정부 모두의 직무유기이다. 한의학 전문대학원은 문제 해결이 아니라 문제를 더 키우는 결과를 낳는다. 이제라도 막아야 한다.

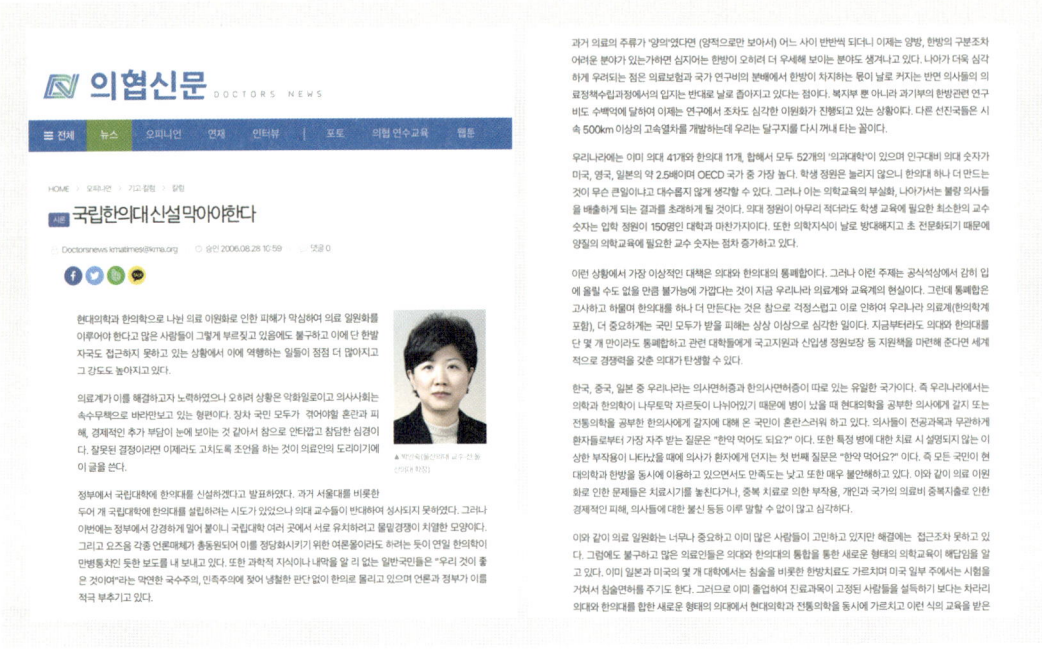

국립한의대 신설 막아야한다

의협신문 2006년 8월 28일

현대의학과 한의학으로 나뉜 의료 이원화로 인한 피해가 막심하여 의료 일원화를 이루어야 한다고 많은 사람들이 그렇게 부르짖고 있음에도 불구하고 이에 단 한발자국도 접근하지 못하고 있는 상황에서 이에 역행하는 일들이 점점 더 많아지고 그 강도도 높아지고 있다.

의료계가 이를 해결하고자 노력하였으나 오히려 상황은 악화일로이고 의사사회는 속수무책으로 바라만보고 있는 형편이다. 장차 국민 모두가 겪어야할 혼란과 피해, 경제적인 추가 부담이 눈에 보이는 것 같아서 참으로 안타깝고 참담한 심경이다. 잘못된 결정이라면 이제라도 고치도록 조언을 하는 것이 의료인의 도리이기에 이 글을 쓴다.

정부에서 국립대학에 한의대를 신설하겠다고 발표하였다. 과거 서울대를 비롯한 두어 개 국립대학에 한의대를 설립하려는 시도가 있었으나 의대 교수들이 반대하여 성사되지 못하였다. 그러나 이번에는 정부에서 강경하게 밀어 붙이니 국립대학 여러 곳에서 서로 유치하려고 물밑경쟁이 치열한 모양이다. 그리고 요즈음 각종 언론매체가 총동원되어 이를 정당화시키기 위한 여론몰이라도 하려는 듯이 연일 한의학이 만병통치인 듯한 보도를 내 보내고 있다. 또한 과학적 지식이나 내막을 알 리 없는 일반국민들은 "우리 것이 좋은 것이여"라는 막연한 국수주의, 민족주의에 젖어 냉철한 판단 없이 한의로 몰리고 있으며 언론과 정부가 이를 적극 부추기고 있다.

과거 의료의 주류가 '양의'였다면 (양적으로만 보아서) 어느 사이 반반씩 되더니 이제는 양방, 한방의 구분조차 어려운 분야가 있는가하면 심지어는 한방이 오히려 더 우세해 보이는 분야도 생겨나고 있다. 나아가 더욱 심각하게 우려되는 점은 의료보험과 국가 연구비의 분배에서 한방이 차지하는 몫이 날로 커지는 반면 의사들의 의료정책수립과정에서의 입지는 반대로 날로 좁아지고 있다는 점이다. 복지부 뿐 아니라 과기부의 한방관련 연구비도 수백억에 달하여 이제는 연구에서 조차도 심각한 이원화가 진행되고 있는 상황이다. 다른 선진국들은 시속 500km 이상의 고속열차를 개발하는데 우리는 달구지를 다시 꺼내 타는 꼴이다.

우리나라에는 이미 의대 41개와 한의대 11개, 합해서 모두 52개의 '의과대학'이 있으며 인구 대비 의대 숫자가 미국, 영국, 일본의 약 2.5배이며 OECD 국가 중 가장 높다. 학생 정원은 늘리지 않으니 한의대 하나 더 만드는 것이 무슨 큰일이냐고 대수롭지 않게 생각할 수 있다. 그러나 이는 의학교육의 부실화, 나아가서는 불량 의사들을 배출하게 되는 결과를 초래하게 될 것이다. 의대 정원이 아무리 적더라도 학생 교육에 필요한 최소한의 교수 숫자는 입학 정원이 150명인 대학과 마찬가지이다. 또한 의학지식이 날로 방대해지고 초 전문화되기 때문에 양질의 의학교육에 필요한 교수 숫자는 점차 증가하고 있다.

이런 상황에서 가장 이상적인 대책은 의대와 한의대의 통폐합이다. 그러나 이런 주제는 공식 석상에서 감히 입에 올릴 수도 없을 만큼 불가능에 가깝다는 것이 지금 우리나라 의료계와 교육계의 현실이다. 그런데 통폐합은 고사하고 하물며 한의대를 하나 더 만든다는 것은 참으로 걱정스럽고 이로 인하여 우리나라 의료계(한의학계 포함), 더 중요하게는 국민 모두가 받을 피해는 상상 이상으로 심각한 일이다. 지금부터라도 의대와 한의대를 단 몇 개 만이라도 통폐합하고 관련 대학들에게 국고지원과 신입생 정원보장 등 지원책을 마련해 준다면 세계적으로 경쟁력을 갖춘 의대가 탄생할 수 있다.

한국, 중국, 일본 중 우리나라는 의사면허증과 한의사면허증이 따로 있는 유일한 국가이다. 즉 우리나라에서는 의학과 한의학이 나무토막 자르듯이 나뉘어있기 때문에 병이 났을 때 현대의학을 공부한 의사에게 갈지 또는 전통의학을 공부한 한의사에게 갈지에 대해 온 국민이 혼란스러워 하고 있다. 의사들이 전공과목과 무관하게 환자들로부터 가장 자주 받는 질문은 "한약 먹어도 되요?" 이다. 또한 특정 병에 대한 치료 시 설명되지 않는 이상한 부작용이 나타났을 때에 의사가 환자에게 던지는 첫 번째 질문은 "한약 먹어요?" 이다. 즉 모든 국민이 현대의학과 한방을 동시에 이용하고 있으면서도 만족도는 낮고 또한 매우 불안해하고 있다. 이와 같이 의료 이원화로 인한 문제들은 치료시기를 놓친다거나, 중복 치료로 의한 부작용, 개인과 국가의 의료비 중복지출로 인한 경제적인 피해, 의사들에 대한 불신 등등 이루 말할 수 없이 많고 심각하다.

이와 같이 의료 일원화는 너무나 중요하고 이미 많은 사람들이 고민하고 있지만 해결에는 접근조차 못하고 있다. 그럼에도 불구하고 많은 의료인들은 의대와 한의대의 통합을 통한 새로운 형태의 의학교육이 해답임을 알고 있다. 이미 일본과 미국의 몇 개 대학에서는 침술을 비롯한 한방치료도 가르치며 미국 일부 주에서는 시험을 거쳐서 침술면허를 주기도 한다. 그러므로 이미 졸업하여 진료과목이 고정된 사람들을 설득하기 보다는 차라리 의대와 한의대를 합한 새로운 형태의 의대에서 현대의학과 전통의학을 동시에 가르치고 이런 식의 교육을 받은 학생들이 졸업 후 전공의 수련과목을 선택할 때에 현대의학이나 한의학의 각종 과를 선택하게 하는 것이 가장 좋은 해결방법이라고 생각된다.

한의학은 수술, 응급처치, 중환자 관리가 불가능하다는 점 등의 치명적인 결함 때문에 효과적인 치료제가 분명 있음에도 불구하고 단독 의술로 볼 수 없다. 또한 한의학의 각종 치료방법들, 특히 한약제의 성분 분석, 정량화, 표준화가 되어있지 않기 때문에 세계적인 경쟁력을 갖추는 것이 어렵다는 문제가 있다. 이러한 이유로 한의학도 현대의학과 통합하여 공동연구를 하는 길만이 살길이다. 즉 한의학도 현대의학을 보완한다는 의미의 보완의학의 일부라는 개념으로 이해하고 접근해야한다. 또한 현대의학에서도 해결되지 않은 문제들이 산적해 있으며 그 해결의 실마리를 어쩌면 한의학을 포함한 여러 종류의 보완의학에서 찾는 시도가 필요할 것이다. 원래 현대의학의 치료약들도 그 근원은 식물에서 발견된 약제들이 많다. 그러므로 한약에도 분명 치료 효과를 가진 중요한 성분들이 포함되어 있을 것이다. 그러므로 이를 과학적으로 증명하고 정량화, 표준화 하고 임상시험 등의 절차를 거친다면 중요한 신약개발을 할 수도 있으며 나아가서 국가 경쟁력 향상에도 크게 기여할 것이다. 상황이 이러한데 지금 한의대를 하나 더 신설한다는 것은 의료이원화로 인한 부조리와 비효율 등 각종 문제들을 영구히 고착시키는 잘못된 정책이다. 이와 같은 논쟁을 밥그릇 싸움으로 보아서는 안 된다. 이는 국민건강의 백년대계를 세우는 일의 초석일 뿐이다.

정부에서 이런 정책을 추진하는 분들에게 묻고 싶다. 가슴이 조여 오듯이 아파오면, 아기에서 선천성 심장병이 발견되었을 때, 아이의 성장이 멈춰버리면, 그리고 유방에서 작은 혹이 만져진다면 어떤 의사에게 가겠는가? 한의사 또는 양의사(?) 또는 둘 다? 그러면 누구의 지시를 따를 것인가? 지금과 같이 환자들은 우왕좌왕하면서 돈 버리면서 병 키우고, 의사집단과 한의사집단이 서로 반목하고 불신하는 이런 상황이 영원히 지속되도록 내버려 두는 것은 의료인 모두의 직무유기이다. 항아리가 완전히 깨진 후에 하소연해야 무슨 소용이 있겠는가? 설사 항아리가 깨지더라도 한 두 조각으로 깨진다면 그래도 접착제로 붙여 사용할 수 있다. 한의대 신설을 그냥 보고만 있는 것은 항아리가 완전히 박살나도록 내버려두는 것과 마찬가지이다.

8. Covid-19

 ### 잊을만하면 찾아오는 고약한 감염병

박인숙 블로그 2020년 1월 29일

2019년 12월 중국 우한에서 처음으로 발생

2020년 1월 20일
전날 중국 우한에서 대한민국 인천공항으로 입국한 35세 중국 여성으로부터 국내에서 시작

2020년 1월 24일
중국 우한에서 상하이를 거쳐 인천공항으로 입국한 55세 남성이 대한민국 국적을 가진 첫 국내 확진자

잊을만하면 찾아오는 고약한 감염병

- 2002년 (SARS)
- 2008년 '광우병사태(전부 가짜뉴스!)
- 2009년 신종 플루
- 2015년 (MERS)
- 2019년 우한 코로나 바이러스

국경없이 전 세계를 위협하는 이런 고약한 감염병들이 몇 년에 한번씩(4~6년마다) 대한민국 전체를 마비시키고 있다.
보건의료안보의 중요성을 이제 우리 국민 모두가 피부로 느끼고있다.
메르스(MERS)사태 이후 많은 개선이 이루어졌으나 아직도 멀었다.
그래서 이번 사태 수습 후, 보다 확실하고 장기적인 관점에서의 특단의 대책이 필요하다.

 **국회 기자회견 요약**

박인숙 블로그 2020년 3월 24일

국회 기자회견 요약

코로나19 확진자 수가 전 세계 37만명 이상, 사망자도 16,521명이 넘었고, 국내 확진자도 9,000명을 넘었고 사망자만 120명에 이르렀다. 초기에 중국인 입국 규제를 하지 않은 탓에 봇물 터지듯 감염이 확산되어 현 상황에 이르게 되었는데, 이제는 국내에서의 지속적인 유행 뿐만 아니라 유럽과 북미에서의 입국자들로 인하여 감염이 더욱 확산되는 새로운 양상을 보이고 있다.

이제 두 달이 조금 지난 이 시점에 다음과 같은 제안을 드린다.

1. 재난과 위기 때 최고 지도자와 정부의 실력이 드러난다. 지금 대한민국에는 대통령이 보이지 않는다. 일부 정치 편향된 전문가의 말만 듣다가 초기 대응을 그르친 것에 대하여 문재인 대통령이 국민에게 사과해야 한다. 그리고 지금부터라도 전문가 의견을 존중하고 과학적 근거에 기반한 정책을 추진할 것을 촉구한다.

2. 외국인 입국을 한시적으로 차단하고, 귀국하는 우리 국민은 국민보호차원에서 적극적 조치를 취해야 한다.

3. 고위험군인 요양원, 요양병원 및 입원 치료중인 기저질환 환자들과 원인 불명의 호흡기 질환 환자들을 대상으로 단계적으로 검사를 실시해야 한다. 또한 확진자가 나온 병원의 전체 환자들과 의료진들 대상 검사도 필요하다.

4. 확진자들을 중증도에 따라 분류하여 중증 환자는 지정 병원에서 치료하고, 무증상 및 경증 환자들은 생활치료센터에서 격리하며 관찰하는 제도를 적극 시행할 것을 강력 촉구한다. 또한 환자 급증에 따른 병상과 의료진 부족을 해결하기 위하여 중소 병원까지도 적극 활용할 것을 건의한다. 한편 국공립 시설이 부족하면 멈추어버린 관광업 때문에 빈 객실이 많은 호텔도 생활치료센터로 활용하는 방안도 적극 검토할 필요가 있다.

5. 의료진들에 대한 보호구 및 환자들을 위한 의료 시설 및 장비들을 좀 더 철저히 점검해야 한다. 지역별, 병원별, 음압병실, 중환자실, 인공호흡기 숫자를 파악하고, 민관합동 협력으로 인공호흡기 등 중환자 관리 장비 생산을 늘리는 선제적 조치를 취해야 한다. (*참고: 인공호흡기 보유 OECD 통계: 한국 9,795개 / 미국 72,000개 / 독일 25,000개 / 영국 7,000개 / 이탈리아 3,000개)

6. 바이러스 확산 차단의 기본은 '사회적 거리두기'이다. 이는 본인 뿐만 아니라 가족과 친지들의 생명을 지키는 일이다.

코로나19 감염의 80%는 경증으로 지나가지만 20%는 적극적 치료가 필요 하다. 그 20%에 우리의 가족과 친지가 포함될 수 있다. 사회적 거리두기의 대국민 홍보가 절실한 이유이다. 또한 마스크를 사기 위해 줄을 서고 기다 리게 해서는 안된다.

7. 치료제와 예방백신 개발을 위하여 정부의 파격적인 투자가 필요하다. 여러 치료제들의 효능이 아직 확인되지 않았고 기대를 걸었던 약제들도 그 효과가 아직 확실하지 않다고 한다. 지속적인 임상 연구가 필요하여 관련 예산도 대폭 지원되어야 한다.

8. 이미 어려운 경제가 이번 사태로 급격하게 무너져 내리고 있다. 가장 큰 고통과 희생은 사회적 약자, 영세 자영업자, 일용직 근로자들 등 하루 수입에 의존하는 분들이다. 국가가 이들을 위한 최소한의 생계를 책임져야 한다.

9. 지금 코로나19 사태에서 세계가 대한민국을 주목하고 있다. 우리나라에서하는 일들이 본받을 점들이 많은 것으로 알려져 있다. 그런데 그 배경에는 목숨까지도 위협하는 의료 현장에서 의료진들, 의사, 간호사, 간호조무사, 의료기사, 진단기업 등 투철한 직업관과 희생 정신을 가지고 환자들을 치료하는 분들이 계시기 때문이다. 그런데 이런 분들에 대한 배려가 부족하다.

예를 들어 폐렴으로 사망한 안타까운 고교생의 PCR 검사와 관련해서는 영남대 병원의 유전자검사 전체를 부정하는 모욕까지 주었고, 또한 집단 감염이 일어난 병원과 의료진을 고발하고, 구상권 청구 등의 발상은 놀랍고 분노스럽다. 이들에게 필요한 것은 징계가 아닌 격려와 보상이다.

10. 유전체 염기서열 분석을 하면 바이러스의 감염 경로를 밝힐 수 있다. 코로나19의 전체 유전체 염기서열 분석 결과가 이미 전 세계에서 900개 이상 밝혀져서 유전체정보 공유 DB가 공개되었는데, 국내 분석 결과는 10여개에 불과하다. 질본에서 2월초에 발표하고 더 이상 발

표가 없다.

질본은 유전체염기서열 분석 결과와 유전체정보은행 DB를 공개해야 한다. 정보가 공개되면 유전자 정보 분석 전문가들이 결과를 분석해서 바이러스의 감염 경로를 밝혀줄 수 있는데 왜 공개하지 않는지 이해할 수 없다.

마지막으로 지나친 낙관론을 경계해야 한다.

전 세계적인 대유행은 아마도 1년 이상 지속될 것이다. 정부에서는 반복적으로 "이번 주가 고비, 감염자 수가 줄어들고 있다" 라고 하면서 희망 고문을 해왔다. 냉철하게 봐야 한다. 정치적으로 호도해서는 안 된다.

이 바이러스와의 전쟁은 장기전이 될 것이다. 장기 플랜을 세워야 한다. 치료약이나 백신이 나올 때까지 1년 이상이 걸릴 것으로 예상되는데 그동안 중·장기 대응 계획을 만들고 국민에게 알리고 안심시켜 적극적인 협조를 이끌어 내야 한다. 위기 극복에 가장 우선되는 필수 항목은 국민의 자발적인 협조이다.

지금 현재 우리나라에서는 다행히 사망률이 낮지만, 우리 의료 기관이 수용할 수 있는 범위를 넘으면 사망률이 높아질 수도 있다. 모든 국민이 힘을 합해야 이겨낼 수 있다.

이 자리를 빌어 코로나19로 유명을 달리하신 120여 분과 유가족들, 그리고 이 질환으로 고통받고 계신 많은 분들에게 진심으로 위로를 드립니다. 또한 이러한 재난과 같은 위기 상황에서도 일상생활을 할 수 있게 고생하고 있는 전국의 유통산업 종사자들과 택배기사 여러분들의 노고에 진심으로 감사의 말씀을 드린다.

'펜앤드마이크' 6시 펜앤뉴스 발언

박인숙 블로그 2020년 12월 19일

'펜앤드마이크' 6시 펜앤뉴스 발언

1. 백신만이 답이다.

2. 문재인 정부의 (현재로써 가장 우수하다고 알려진) 화이자 또는 모더나 백신 확보는 확실한 실패이다.

3. 내년에 국민의 60~70% 이상이 코로나 백신 접종을 마친 다른 나라들이 봉쇄를 풀고 정상적인 일상으로 돌아갈 때 우리는 여전히 '코로나 감옥'에 고통스럽게 남아있을 가능성이 높다.

4. 코로나 참사는 무능하고 무식하고 전문가를 무시한 코로나 독재, 코로나 파시즘, 문재인 정권이 자초한 '인재'이다.

5. 전문가를 무시한 결과가 참으로 끔찍하다. 의료계, 과학계는 처음부터 강하게, 반복적으로
   ① 중국으로부터의 입국 금지를 제안하였으나 정부가 거부했고
   ② 의료 시스템 붕괴를 막기 위해 음압병실, 중환자실, 의료진 확충을 주장하였으나 오히려 '보복 법안'들을 쏟아내면서 의료계의 건의를 묵살하였다.
   그 결과 지금 우리 의료 시스템은 하드웨어, 소프트웨어 모두 붕괴 일보 직전이다.
   코로나 환자 뿐만 아니라 다른 질환 환자들의 생명도 덩달아 위험하게 되었다.
   ③ 백신 확보하라는 목소리 (이해를 못했는지, 고의적으로 그랬는지?)를 무시했고
   ④ 방역 수준을 일정 기간 상향하도록 제안했으나 찔끔찔끔, 오락가락 정책으로 상공인과 자영업자들의 고통을 더 크게 키웠다.

6. 정부는 백신 확보라는 실패를 '물타기'하려고? 치료제 개발을 강조하고 있다. 물론 치료제도 중요하지만 궁극적으로 우리가 정상적인 일상으로 돌아가려면 집단면역을 가져야하고 이는 60~70% 이상 (높게는 89%까지)의 국민이 코로나에 걸리거나 백신을 맞아야만 이룰 수 있다.
그래서 백신을 '게임 체인저'라고 부르고 이런 이유로 (한국과 달리) 각국에서는 진작부터 백신 확보에 사활을 걸었던 것이다. 백신없이 무지막지한 방역과 치료제만 가지고 있다면 우리는 영원히 코로나와 함께 사는 코로나 토착화 (endemic) 상태로 되어 그 폐혜는 이루

말 할 수 없이 비참할 것이다.

7. 현재까지 단 한 가지 확실하게 확보한 백신은 아스트라제네카 백신으로써 1천만명 분 (2천만 회수dose)을 계약 체결 완료, 즉 진짜로 확보했다고 한다.

    이외 3,300만명분의 백신은 목표이자 계약체결추진 계획일 뿐이다.

    그런데 아스트라제네카 백신은 현재 여러 문제들이 제기된 상태로 사용을 승인한 국가가 없다. 따라서 이 백신이 국내에 들어오더라도 당장 내년 사 용은 불투명해보인다.

8. 다른 나라들은 내년 상반기, 늦어도 가을까지는 대부분 접종을 끝낼 것 같은데 우리는 아스트라제네카 백신을 내년 2~3월부터 순차적으로 도입할 '예정'이라고 한다.

9. 지금까지 개발된 백신 중 제일 좋은 백신은 미국의 화이자와 모더나의 mRNA 백신이다.

    반면에 영국의 아스트라제네카, 미국의 존슨앤존슨 (얀 센), 러시아 스푸트니크 백신은 유효성, 안전성에서 mRNA 백신에 비해 다 소 떨어지는 것 같고 아직 승인이 난 것이 없다. 그런데 우리 정부가 확실하게 확보 완료했다는 백신은 아스트라제네카 백신 뿐이다. 다른 것도 아니고 국민의 생명과 국가의 미래가 달린 일인데 우리 국민만 일등급 백신을 맞지 못하는 상황이 될지도 모른다.

10. 정부는 내년에 화이자나 모더나 백신을 구입하겠다고 하지만 이는 누가 봐도 불가능해보인다.

    여러 나라들에서 이미 선구매했다고 언론에 보도된 분량만 보고 단순 계산만 해보아도 남는 분량이 거의 없기 때문이다. 이 제약회사들에서 생산 능력을 대폭 늘리고 동시에 우리 정부에서 대통령까지 직접 나서서 적극 협상을 한다면 혹시나 가능성이 있을지? 또는 국민 모두가 접종을 하고도 남을 만큼 많은 양의 백신을 미리 확보한 국가들(캐나다 등)에서 인도주의 차원에서 잉여분을 제공할 것을 기대해 볼 수도 있겠다 (자존심 상하기는 하지만 생명이 더 중요하니까)

11. 혹시 정부에서 중국 백신 ('구식'방식인 불활성화된 코로나바이러스로 만든)을 구입하려는 것은 아닌지 의심스럽고 걱정된다. 중국 백신은 아직 공 신력있는 기관에서의 허가는커녕 제3상 임상시험도 하지 않은 상태에서 자국민 그리고 일부 국가 국민들 대상 접종을 이미 시작하였으나 효능이나 부작용 등 결과를 전혀 공개하지 않고 있다. 중국인 노동자가 출국 전 중국 백신을 맞았으나 아프리카에 가서 코로나 에 감염되었다는 미확인 보도도 있다.

    우리 국민이 중국 백신의 실험용 쥐가 될 수는 없다.

12. 오늘(2020년 12월 18일) 정부에서 떠밀리듯이 발표한 코로나 대책은 하나도 새로운 사실이 없다.

정부 발표라는 것이 항상 그래왔듯이 '계획이 다, 노력한다, 사실상 확보된 상황이다, 예정이다, 추진하고 있다, 계약이 유력하다, 계약을 앞두고 있다, 협의 중이라 밝힐 수 없다, 계약이 임박했다, 진행 중이다' 이런 투의 애매한 표현으로 국민을 속이거나 사실을 감 춘다. 기대를 하지 않았지만 그래도 실망이다.

13. 최근 백신 확보에 실패한 정부를 비판하는 목소리가 높아지자 민주당이 이를 야당과 보수 언론의 '음모'라고 오히려 화를 낸다. 많은 국민이 생명을 잃고 삶의 터전을 빼앗기고 있는데 이를 지적하는 것이 음모라고? 문재인 정부가 자신들의 실패를 인정하지 않고 오히려 이를 음모라고 주장하는 그 자체야말로 반성할 줄 모르는 여당의 적반하장, 음모이다.

절묘한 'wrong (잘못된) 타이밍?' 델타 변이가 날기 시작하자 우리는 백신이 동났다

박인숙 블로그 2021년 7월 10일

절묘한 'wrong (잘못된) 타이밍?' 델타 변이가 날기 시작하자 우리는 백신이 동났다

<델타 변이 바이러스 확산>과 <백신 접종>과의 치열한 '달리기 시합'에서 접종이 주춤하는 사이에 바이러스가 일방적으로 이기고 있다. 이런 불행한 현상은 우리나라나 미국이나 마찬가지인데 다만 그 원인이 다를 뿐이다.

우리는 백신이 없어서 못 맞는데 미국은 백신 기피 vaccine hesitancy 때문이다 (CNN 21/7/10 기사 참조)

미국은 3가지 종류의 백신을, 그것도 아주 충분한 분량을 가지고 있어서 12세 이상 원하는 모든 사람들에게 접종이 가능하다. 따라서 이 바이러스와의 경주에서 이기기 가장 좋은 조건을 가진 나라이다. 그러나 접종률이 시작 때처럼 빨리 올라가지 못하고 있다. 백신에 대한 불신과 이해 부족이 원인이다.

여기에도 정치적인 성향이 영향을 끼치고 있다고 한다. 트럼프 전 대통령을 지지하는 공화당 성향의 남부 지역이 (바이든 대통령 지지 민주당 성향 지역보다) 특히 접종률이 낮다. 이런 25개 주에서 접종률이 특히 낮고 델타 변이가 빠르게 퍼지고 있다고 한다.

최근 미국 CDC분석에 의하면 접종률이 40% 미만인 지역들이 '쪽집게로 골라내듯이' 감염률이 특히 높고 70% 이상이 델타 변이라고 한다 (*미국 내 델타 변이의 빈도는 51.7%)

이로 인해 입원도 많아져서 중환자실이 꽉 차고 인공호흡기 또한 부족해서 다른 주에서 빌려오기도 한다. 즉 백신 접종률 낮은 지역이 델타 변이의 '온상 또는 hot spot'이 되고 있다. 이런 지역들이 흔히 방역도 느슨한 곳들이다.

그런데 현재 백신이 바닥 난 우리는 언제 접종을 다시 시작할지 알지도 못하니 참으로 한심하다. 변이 바이러스는 저 멀리 날아가고 있는데 자영업자들은 모두 가게 문을 닫고 국민은 속수무책으로 집에만 틀어 박혀 있으라고 하니 분노하지 않을 수 없다.

 ## 코로나 팬데믹은 짧고 굵게 끝낼 수 없다

박인숙 블로그 2021년 7월 12일

'짧고 굵게 끝내겠다, 접종에 속도를 내겠다, 지자체장들이 사령탑이다'

오늘 지자체장들과 코로나 대책 회의에서 문재인 대통령이 한 발언이다.

코로나에 대해 대통령이 무개념인 것은 진작부터 알고 있었지만 이렇게 정말 모르는 걸 보고 걱정이 앞선다.

지금의 코로나 팬데믹은 우리 혼자 짧고 굵게 끝낼 수 없는 일이다. 전 세계 팬데믹이 거대한 톱니바퀴처럼 엮여서 함께 돌아가기 때문에 어느 한 국가가 (심지어 작은 섬나라 조차도) 홀로 팬데믹을 끝낼 수 없다.

코로나 팬데믹은 결국 토착화되어서 (endemic상태) 오래도록 우리와 공존할 가능성이 높아 보인다. 이제 코로나를 다스리면서 피해를 최소화하고 공존할 지혜로운 방법을 강구해야 한다. 백신과 치료제 개발이 중요한 이유이다. 문재인 대통령의 바램처럼 짧고 굵게 눈 앞에서 사라지게 할 수 없다.

백신이 없는데 접종에 속도를 내겠다고? 국민을 약올리는 건가? 밤새고 PC 앞에 매달려서 접종 신청한 사람들은 일찍이 백신이 바닥나서 헛수고만 한 셈이다. 정부 협조에 관한한 세계 최고인 우리 국민을 백신 확보도 못한 문재인 정부가 이렇게 우롱하고 있다.

진작부터 코로나 팬데믹의 컨트롤타워는 질본청장이 했어야 한다. 그런데 대통령 등 여러 사람들이 너도나도 앞에 나서는 바람에 배가 산으로 가고 있다. 지금 델타 변이 대유행을 지자체장들이 사령탑이 되어 각자 알아서 해결하라니 그 결과는 안 봐도 뻔하다. 컨트롤타워는 한 명, 질본청장 한 사람이어야 한다.

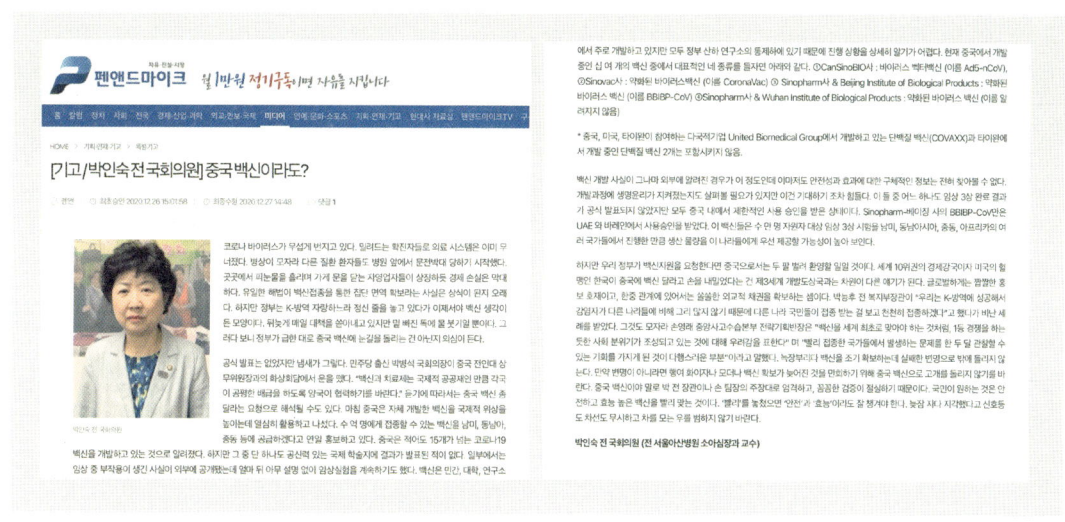

[기고 / 박인숙 전 국회의원] 중국 백신이라도?

펜앤드마이크 2020년 12월 27일

코로나 바이러스가 무섭게 번지고 있다. 밀려드는 확진자들로 의료 시스템은 이미 무너졌다. 병상이 모자라 다른 질환 환자들도 병원 앞에서 문전박대 당하기 시작했다. 곳곳에서 피눈물을 흘리며 가게 문을 닫는 자영업자들이 상징하듯 경제 손실은 막대하다. 유일한 해법이 백신 접종을 통한 집단 면역 확보라는 사실은 상식이 된 지 오래다. 하지만 정부는 K-방역 자랑하느라 정신 줄을 놓고 있다가 이제서야 백신 생각이 든 모양이다. 뒤늦게 매일 대책을 쏟아내고 있지만 밑 빠진 독에 물 붓기일 뿐이다. 그러다 보니 정부가 급한 대로 중국 백신에 눈길을 돌리는 건 아닌지 의심이 든다.

공식 발표는 없었지만 냄새가 그렇다. 민주당 출신 박병석 국회의장이 중국 전인대 상무위원장과의 화상회담에서 운을 뗐다. "백신과 치료제는 국제적 공공재인 만큼 각국이 공평한 배급을 하도록 양국이 협력하기를 바란다." 듣기에 따라서는 중국 백신 좀 달라는 요청으로 해석될 수도 있다. 마침 중국은 자체 개발한 백신을 국제적 위상을 높이는데 열심히 활용하고 나섰다. 수 억 명에게 접종할 수 있는 백신을 남미, 동남아, 중동 등에 공급하겠다고 연일 홍보하고 있다. 중국은 적어도 15개가 넘는 코로나19 백신을 개발하고 있는 것으로 알려졌다. 하지만 그 중 단 하나도 공신력 있는 국제 학술지에 결과가 발표된 적이 없다. 일부에서는 임상 중 부작용이 생긴 사실이 외부에 공개됐는데 얼마 뒤 아무 설명 없이 임상실험을 계속하기도 했다. 백신은 민간, 대학, 연구소에서 주로 개발하고 있지만 모두 정부 산하 연구소의 통제하에 있기 때문에 진행 상황을 상세히 알기가 어렵다. 현재 중국에서 개발 중인 십 여 개의 백신 중에서 대표적인 네 종류를 들자면 아래와 같다. ①CanSinoBIO사 : 바이러스 벡터백신 (이름 Ad5-nCoV), ②Sinovac사 : 약화된 바이러스백신 (이름 CoronaVac) ③ Sinopharm사 & Beijing Institute of Biological Products : 약화된 바이러스 백신 (이름 BBIBP-CoV) ④ Sinopharm사 & Wuhan Institute of Biological Products : 약화된 바이러스 백신 (이름 알려지지 않음)

* 중국, 미국, 타이완이 참여하는 다국적기업 United Biomedical Group에서 개발하고 있는 단백질 백신(COVAXX)과 타이완에서 개발 중인 단백질 백신 2개는 포함시키지 않음.

백신 개발 사실이 그나마 외부에 알려진 경우가 이 정도인데 이마저도 안전성과 효과에 대한 구체적인 정보는 전혀 찾아볼 수 없다. 개발과정에 생명윤리가 지켜졌는지도 살펴볼 필요가 있지만 이건 기대하기 조차 힘들다. 이 들 중 어느 하나도 임상 3상 완료 결과가 공식 발표되지 않았지만 모두 중국 내에서 제한적인 사용 승인을 받은 상태이다. Sinopharm-베이징 사의 BBIBP-CoV만은 UAE 와 바레인에서 사용승인을 받았다. 이 백신들은 수 만 명 자원자 대상 임상 3상 시험을 남미, 동남아시아, 중동, 아프리카의 여러 국가들에서 진행한 만큼 생산 물량을 이 나라들에게 우선 제공할 가능성이 높아 보인다.

하지만 우리 정부가 백신지원을 요청한다면 중국으로서는 두 팔 벌려 환영할 일일 것이다. 세계 10위권의 경제강국이자 미국의 혈맹인 한국이 중국에 백신 달라고 손을 내밀었다는 건 제3세계 개발도상국과는 차원이 다른 얘기가 된다. 글로벌하게는 짭짤한 홍보 호재이고, 한중 관계에 있어서는 쏠쏠한 외교적 채권을 확보하는 셈이다. 박능후 전 복지부장관이 "우리는 K-방역에 성공해서 감염자가 다른 나라들에 비해 그리 많지 않기 때문에 다른 나라 국민들이 접종 받는 걸 보고 천천히 접종하겠다"고 했다가 비난 세례를 받았다. 그것도 모자라 손영래 중앙사고수습본부 전략기획반장은 "백신을 세계 최초로 맞아야 하는 것처럼, 1등 경쟁을 하는 듯한 사회 분위기가 조성되고 있는 것에 대해 우려감을 표한다" 며 "빨리 접종한 국가들에서 발생하는 문제를 한 두 달 관찰할 수 있는 기회를 가지게 된 것이 다행스러운 부분"이라고 말했다. 늑장부리다 백신을 조기 확보하는데 실패한 변명으로 밖에 들리지 않는다. 만약 변명이 아니라면 행여 화이자나 모더나 백신 확보가 늦어진 것을 만회하기 위해 중국 백신으로 고개를 돌리지 않기를 바란다. 중국 백신이야 말로 박 전 장관이나 손 팀장의 주장대로 엄격하고, 꼼꼼한 검증이 절실하기 때문이다. 국민이 원하는 것은 안전하고 효능 높은 백신을 빨리 맞는 것이다. '빨리'를 놓쳤으면 '안전'과 '효능'이라도 잘 챙겨야 한다. 늦잠 자다 지각했다고 신호등도 차선도 무시하고 차를 모는 우를 범하지 않기 바란다.

코로나 콘트롤 타워 명확히 하고 국제공조 지속

월간 헌정 2022년 4월호

코로나가 전 세계를 휩쓴 지 2년이 지났다. 오늘 하루 우리나라 확진자 수가 36만 명을 넘었고 누적 사망자수도 1만명을 넘었다. 전세계에서도 6백만 명 이상이 사망하였는데 우리 뿐 아니라 전세계에서 실제 확진자수와 사망자수는 공식 집계의 4~5배는 될 것으로 추정한다. 이런 팬데믹이 다른 나라에서는 끝을 향해 가고 있는것 같으나 유독 우리나라만 아직도 급증하고 있고 언제 정점에 도달할지도 알 수 없는 기막힌 상황이다.

언젠가는 오미크론 확산도 정점에 도달하고 소멸하겠지만 새 변이 출현이 가장 큰 변수인데 백신 미접종자들과 어린이들이 문제이다. 결국 바이러스가 토착화(엔데믹 상태) 된다는 것인데 그렇다고 안심해도 된다는 의미는 아니다. 바이러스가 지역사회에서 사라지지 않고 '누군가에서' 잠복해 있다가 감염 가능한 사람을 찾으면 곧바로 감염시킨다는 뜻이다.

대한민국에 이제 새 정부가 들어선다. 코로나 팬데믹에 대한 대처 방안에 대하여 많은 논란이 있었고 그 끝은 항상 대통령을 향했다. 다른 나라를 보아도 팬데믹이라는 사상 초유의 재앙이 덮치면서 국가 지도자의 정치적 리더십이 시험대에 오른 시기이기도 하다. 많은 국가 수반들이 곤욕을 치르기도 했는데 그 중 좋은 평가를 받은 지도자들도 있다. 타이완과 뉴질랜드가 이에 해당하는데 두 국가 수반이 모두 여성이다.

이제 새 정부에서 코로나 팬데믹의 대처 방안을 새롭게 만들어야 하는 시점인 만큼 지난 2년간 표출된 문제들의 분석과 함께 개선방안을 모색해 본다.

정부는 전문가 조언에 귀기울여야

문재인 정부의 가장 큰 잘못은 전문가들의 조언을 무시했다는 점이다. 새 정부는 정치 편향된 교수나 과학자가 아닌, 오로지 과학적 사실에 입각한 조언을 하는 '진짜' 전문가들에게 귀기울어야 한다. 팬데믹 초기 중국으로부터의 입국을 막으라는 전문가들의 조언을 정부가 무시 했다. 지나치게 중국을 의식한 나머지 하나마나한 입국금지 조치를 내린 결과 초기진압에 실패하였다. 전문가들의 반대에도 불구하고 방역조치를 완화했던 타이밍도 매번 빗나가서 그 때마다 더 큰 유행을 일으켰다. 최근 오미크론 유행 도중 내린 완화조치가 결국 최악의 상황을 초래해서 급기야 현재 우리나라의 확진자 수와 사망자 수가 절대평가와 상대평가 모두에서 세계 1위라는 참담한 상황이 되었다. 앞으로의 입국정책은 과학적 근거에 기반한, 주권국가에 걸맞는 당당한 것이어야 한다.

정치방역 멈추고 과감한 방역지침 개선을

방역지침은 거의 모든 나라들에서 강한 국민적 저항에 부딪혔고 우리나라도 예외가 아니다. 우리 국민은 협조 잘하기로 세계 1등인 반면 정부의 방역정책은 코미디 수준이었다. 실내체육관 등의 시시콜콜한 방역지침은 외신에 서 웃음거리로 다룰 정도로 황당했다. 방역지침이 정치 편향적이었고 비과학적이었다. 대형 집회 금지도 정치성향에 따라 달랐다. 이제는 정부에 순종하며 고통을 감내하는 국민들, 특히 자영업자들의 숨통을 틔어주고 이들에게 좀 더 많은 자율을 주어 개인이든 자영업자든 상식과 책임감에 의거한, 자발적인 협조를 유도해야 한다.

콘트롤 타워 부재가 문제다. 메르스 사태를 겪으며 이 문제가 대두되었고 당시 미국연방재난관리청(FEMA)과 같은 기관을 만들어서 전문가가 지휘하는, 정치 입김이 없는 콘트롤 타워 역할을 해야 한다는 의견이 모였으나 실현되지 못했다. 그런데 코로나 팬데믹이 닥치자 급히 질병관리청을 신설하였으나 타 부서와의 업무 조율도 매끄럽지 못하고 오히려 옥상옥이 되어 버렸다. 이제 질병관리청의 업무효율을 높이기 위한 조직 개편이 필요하다.

국민과의 소통을 획기적으로 개선

콘트롤 타워가 명확하지 않다 보니 국민과의 소통 창구를 대통령을 위시한 여러 정치인들이 독점하다시피 한 것도 큰 실책이다. 발표자는 사태에 대한 충분한 이해와 소통 능력을 갖춘 사람 이어야 하는데 문재인 정부는 그러지 못했다. 정치인의 설익은 브리핑이 '희망 고문'을 초래하기도 하면서 혼란과 불만만 가중시켰다. 새 정부는 국민과의 소통에 관하여 문재인 정부의 실패를 반면교사로 삼아야 한다.

가짜뉴스, 괴담 정부가 적극 막아야

우리나라를 포함한 전 세계 각국에서 코로나 백신과 치료제 관련하여 엄청난 가짜 뉴스가 퍼져있다. 그 선봉에는 의사, 교수도 있다. 실제 이를 믿은 사람들이 생명을 잃은 경우도 있다. 팬데믹이 오래 지속할수록 국민 고통과 피해가 눈덩이처럼 불어나는데 가짜뉴스 유포자들의 공격성과 집요함에 비해 너무나도 안이한 정부대응 때문에 결국 국민이 희생된다.

광우병 사태 당시 정부도 '선동가들의 공격을 막지 못하면서 괴담이 온 나라에 퍼졌다. 다행히 광우병 괴담 때문에 생명을 잃은 사람은 없다. 고기집 영업이 잠시 멈추었을 뿐이다.

코로나 괴담은 광우병 괴담과 달리 사람의 생명과 국가 경제가 직결되는, 심각한 문제이다. 새 정부가 국민을 설득시켜야 하는데 정부가 직접 하지 않아도 된다. 전문가들에게 맡기고 힘을 실어주면 된다.

백신확보 노력 지속해야

팬데믹 초기 외국 개발 백신을 확보해야 한다는 전문가의 조언은 무시하고 국산 백신과 치료제 개발만 고집하였다. 당장 집에 불이 났는데 수입 소방기구라도 가져다가 불을 꺼야 하는데 국산만 고집하다 집 태워 먹은 꼴이다.

일단 불을 끈 후에 국산 장비를 개발하면 되는 데 거꾸로 되었다. 문재인 대통령이 백신 개발을 너무 쉽게 생각했던 것 같다.

팬데믹 초기에 개발된 여러 백신중에서 유망해 보이는 백신을 선진국들은 인구의 서너 배에 해당하는 물량으로 선구매하였고 연구개발에도 막대한 재정 지원을 하였다.

그중에는 개발에 실패하여 지원금을 날린 경우들도 있었으나 결국 지원을 많이 한 국가가 개발·성공 후 더 많은 백신을 받았다. 우리가 국산 백신 개발에만 매달린 동안 외국 백신들이 시장에 나왔을 때 우리 몫은 없었고 그래서 접종 순위에서 OCED 국가들 중 우리가 꼴찌였다.

외국 백신 구매를 시도조차 하지 않던 정부가 국민의 원성이 높아지자 대통령까지 나서서 백신이 곧 공급될 것이라고, 여러 차례 말을 바꾸면서 희망 고문을 이어갔다.

백신 확보 관련 또 다른 문제는 우리국민이 맞은 백신 종류이다. 선진국 대부분은 mRNA 백신을 맞았는데 우리 국민의 약 절반, 특히 50 ~ 60세 전후 연령층이 아스트라제네카(AZ) 백신을 맞았다(북미, 일본, 유럽 몇 개 국가들은 아예 AZ백신을 접종하지 않았다).

우리 정부가 mRNA 백신을 확보하지 못했는 데 접종이 늦어지면서 원성이 높아지자 대신 AZ 백신을 준 것이다. AZ 백신의 효능이 mRNA 백신에 비해 현저하게 떨어진다는 사실은 많은 연구에서 일관적으로 증명되었다. 요즘 우리나라 오미크론 유행에서 확진자 수가 연일 기록적으로 급증하는데 그 원인의 일부가 백신 종류 때문 일 수도 있다는 의심이 든다. 객관적 데이터를가 지고 분석해 볼 필요가 있다.

세계 백신 개발 관심 가지면서 국내백신개발지속

지금 국내에서 코로나 백신 6종류를 개발하고 있는데 한개만 빼고 모두 초기단계이다. 정부 지원이 필요하지만 언젠가는 선택과 집중이 필요할 것이다. 지금 세계에서 128개의 백신(임상 1/2상 이상)이 개발 중인데 앞으로도 백신은 계속 필요할 것이다. 새로운 변이 바이러스가 나타나거나, 또는 시간이 경과하면서 항체가 떨어져서 부스터 접종, 재 접종이 필요할 수 있기 때문이다.

코에 넣거나 피부에 붙이는 백신도 개발 중인데 보관, 운송도 편하고, 주사 없이 접종할 수 있어서 기대된다. 유전자 백신(DNA백신, mRNA백신)보다 정서적으로 거부감이 다소 적을 것으로 예상되는 단백질 백신도 이미 여럿 개발되었다.

유전자 백신은 암 치료 목적으로 이미 개발하고 있었는데 암 환자 아닌 건강한 사람에서 감염병 예방목적으로 주는 유전자 백신은 최초이기 때문에 일부 사람들, 특히 어린이 접종에 대하여 부모들이 불안해 한다. 따라서 단백질 백신 포함 여러 종류의 백신중에서 선택할 수 있다면 좋을 것이다.

백신 주권을 확보하는 것은 중요하지만 백신 개발을 국내에서만 고집할 일은 아니다. 백신 개발과 생산에는 매우 복잡한, 전문 영역에서의 분업과 협업이 필요하여 어느 한 회사나 한 국가가 단독으로 개발하는것은 거의 불가능하다. 따라서 여러 국가의 제약회사, 대학, 연구소와의 협업이 필수로 국제 공조가 중요하다.

미리 대비하는 팬데믹 의료체계

팬데믹은 예측 없이 갑자기 발생한다. 따라서 음압 병실, 중환자 병상, 인공호흡기 등 의료 시설 및 장비들을 준비해 두고 긴급 상황시 즉시 가동 할 수 있도록 매뉴얼을 만들고 주기적인 훈련과 대비가 필요하다. 중환자 관리, 전문의 및 간호사, 감염병 전문의, 역학조사관들을 육성해서 확보해야 한다. 이런 대비는 중앙 정부와 지방자치단체, 그리고 개별 병원 차원에서 모두 필요하다.

이번에 보듯이 공공병원만으로 해결 할 수는 없다. 민간병원을 활용해야 한다. 평상시에 민간병원들과 협약을 맺어두면 이번처럼 갑자기 병실이 없어서 불행한 사고들이 발생하는 것을 막을 수 있다.이런 준비가 없으면 모든 사람들, 특히 산모와 어린이가 위험하다.

코로나 환자를 진료하면서 피해를 입은 민간 병원들에 대한 보상도 확실히 해주어야 한다. 팬데믹 초기 대구의 한 민간병원이 자발적으로 코로나 환자들을 치료한 후 막대한 재정적 손실을 입었지만 정부 보상은 없었던 나쁜 선례다. 이에 대한 개선책이 마련되어야 한다.

재난지원금 배분 방식 다시 설계

표만 의식한 결과 무려 45조 원에 달하는 천문학적 금액의 지원금을 뿌리고도 지원이 꼭 필요한 사람들에게는 너무 적어서 실제 도움이 되지 못했다. 소상공인, 자영업자뿐 아니라 문화예술인들도 포함되어야 한다. '무차별 살포'보다 지원이 절실한 사람들이 더 많이 받도록 지급방식으로 다시 설계해야 한다.

접종 시작시 문재인 대통령은 백신 부작용으로 사망하면 최대 약 4억 원까지 보상해 주겠다고 약속했으나 이 약속은 전혀 지켜지지 않고 있다. 보상기준이 너무 까다롭기 때문이다. 코로나 백신은 이 세상에 처음 나온 백신으로 전례가 있을 수 없다. 그런데 보상판정에서 과거 규정에만 매인 결과 이제껏 인과관계가 인정된 건수는 사망 2건, 중증부작용 5건에 불과하다. 명백한 백신 부작용으로 보여도 증거 불충분으로 판정난다.

이로 인해 백신 기피 현상이 더욱 커지고 있 다. 평상시라면 백신이나 신약 하나를 개발하는 데 10년 넘게 걸리는데 화이자백신은 1년미만 이라는, 역사상 최단 기간에 이 세상에 나왔다. 이제껏 미국 식약처로부터 정식 사용 승인을 받은 백신은 화이자 백신 한개 뿐이고 나머지들은 긴급사용 승인상태이다.

또한 워낙 엄중한 상황이기 때문에 평상시라면 개발회사들이 지게 되는 책임 의무가 면제되었고 백신 피해보상은 각국 정부가 책임지게 되었다. 백신 부작용으로 인한 사망이나 장애는 전혀 예측할 수 없어 누구나 부작용의 희생자가 될 수 있다.

어찌 보면 지금 세계 모든 사람들이 백신의 임상시험 대상이라고도 할 수 있다. 따라서 백신 피해 보상은 좀 더 융통성을 가지고 판단해야 한 다. 그런데 문재인 정부는 부작용 피해를 인정하는 데에 극도로 인색하다. 심지어 피해자가 부작용의 인과관계를 입증해야 하는 경우도 있다. 코로나 사태는 인류가 한 번도 겪어보지 못한 초유의 사태이다. 따라서 피해보상도 완전히 새로운 기준으로 판단해야 한다. 최소한 보상이라도 잘 해주어야 백신 기피 현상을 줄일 수 있다.

우리 국민 대상의 임상연구 필요

이번 팬데믹을 통해서 다시금 각인된 사실은 선진국들의 연구 역량과 의지였다. WHO, 미국, 영국, 독일 등의 기관과 대학들이 수집하여 실시간 전 세계에 제공한 코로나 현황과 기초 및 임상연구 결과들이 다른 나라들의 코로나 정책 수립에 큰 기여를 했다. 우리나라는 갑자기 닥친 팬데믹에 대처하느라 연구계획이 미처 준비되지 못한 동안 귀한 자료들이 그대로 사라지는 건 아닌지 우려된다. 이제라도 우리만의 데이터를 축적해서 또 다시 닥칠지 모를 팬데믹에 대비해야 한다.

지속적인 국제공조 필요

이번에 우리나라는 선진국으로서의 체면을 완전히 구겼다. 선진국들이 백신을 사서 저개발국에 공급해 주는 COVAX로부터 우리가 백신을 공급받았기 때문이다. 그 덕분에 접종을(비록 OCED 국가들중 맨 꼴찌)시작할 수 있었지만 부끄러운 일이다. 이런 팬데믹에 대비하자고 만든 국제기구가 국제보건안보구상(Global Health Security Agenda)인데 이는 미국 오바마 대통령이 2014년에 시작하였고 우리나라에서 2016년 두 번째로 회의를 하면서 서울선언문도 발표했다. 그런데 이 회의 결과 우리나라에서 무엇을 준비했는지 아무도 모른다.

전염병 대비 국제기구는 WHO 산하에 여럿 있는데 우리나라도 적극 동참 해야 한다. 한 국가가 단독으로 할 수 있는 일이 아니다. 정권과 무관하게 정부의 지속적인 관심과 참여가 필요하다.

코로나 팬데믹으로 많은 사람들이 생명을 잃었다. 이 재앙이 언제 끝날지, 언제 일상을 찾을지 아무도 모른다. 또 다른 변이가 나타날지도 모른다. 모두가 처음 겪는 일이라 전문가들조차도 자신있게 말하지못한다. 이런 재앙은 인간의 한계를 깨닫게 하고 겸손하게 만든다.

코로나 바이러스가 등장한 것도 인간이 자연을 존중하지 않아서라는 생각이 든다. 야생동물과 인간의 활동영역 간의 경계가 허물어지면서, 인간과 동물 간 바이러스가 넘나들면서 발생한 질병이다. 기후변화와도 관련 있겠지만 인간의 탐욕, 비정상적인 식생활과 취미생활도 중요한 요인일 것이다. 항상 모든 논문의 마지막을 장식 하는 문구, '더 많은 연구가 필요하다'라는 말로 글을 마친다.

코로나19와 관련해서 최근 자주 받는 질문들

박인숙 블로그 2022년 4월 20일

<질문 1> 코로나 백신 접종 3번 받았고 최근 코로나에 감염되었다가 회복했는데 4차 접종 받으라는 연락을 받았는데 또 맞아야 하나요?

<질문 2> 접종 3번 맞았는데 (감염된 적은 없고) 4차 접종 받아야 하나요?

요즘 가장 자주 받는 질문이다.

많은 사람들이 보건소에서 이런 연락을 받는데, 감염 여부는 아예 묻지도 않는다.

아래의 여러 이유로 3차까지 접종 받았다면, 게다가 감염까지 되었다면 '당분간은' 4차 접종을 받지 않는 것이 좋다는 것이 나의 생각이다.

① 두 번째 부스터 접종(4차 접종)의 효과에 대한 연구는 내가 알기로 4차접종을 가장 먼저 시작한 이스라엘에서 나온 연구 하나뿐인데 4차 접종의 효능이 미미하다는 결론이다.

따라서 대부분 3차 접종 후 불과 4개월 남짓 지난 지금 4차 접종을 할 이유가 없다. 고위험군이나 요양시설은 예외적으로 필요할 수 있으나 최근 감염된 사람들은 제외하는 것이 맞다.

② 접종과 감염 둘 다 겪은 사람에서의 면역력('hybrid 면역')은 접종만 받은 사람들에서의 면역력보다 훨씬 더 좋다고 여러 연구에서 밝혀졌다. 감염으로 얻은 면역항체는 접종으로 얻은 항체에 비해 더 천천히 떨어지며 T 면역세포의 반응도 감염 후가 더 좋기 때문이다.

③ 백신을 너무 자주 맞으면 면역시스템의 피로가 생긴다는 주장도 있다.

④ mRNA 백신(화이자, 모더나)이나 바이러스 벡터 백신(AstraZeneca 백신, 얀센 백신) 이외에 새로운 기전의 백신들(단백질 백신, 불활성화 백신 등)이 속속 사용 허가 받고 있다. 따라서 향후 다시 접종한다면 백신 종류를 선택할 수 있을 것이다.

⑤ 오미크론의 하부 변이들이 여럿 발견되고 있지만 오미크론과 크게 다르지 않고 또 다른 새로운 변이가 나타나지 않은 상황에서, 특히 일부 전문가들은 이번 가을이나 겨울에 또 다

른 유행이 올 가능성을 말하고 있는데 지금 4차 접종을 맞으면 가을 이후 정작 새 유행이 시작될 때에는 이미 항체가 낮아져있을 가능성이 높기 때문이다.

그러면 그때 가서 5차 접종맞아야 할건가?

아님 그때 새정부에 모든 책임을 전가할 계획인가?

정부가 지금, 3차 맞은지 4개월 밖에 지나지 않았는데 똑같은 백신으로 4차 접종을 적극 권장하는 것을 납득하기 어렵다.

방역을 다 풀어놓고 국민들께 4차접종을 강권하는 것은 향후 발생하는 모든 코로나 문제의 부담과 책임을 국민들께 전가하려는, 문재인정부의 마지막 국민 기만 전술로 보인다.

미국과 브라질의 코로나 치사율이 우리나라의 9배

박인숙 블로그 2022년 11월 24일

<미국과 브라질의 코로나 치사율이 우리나라의 9배>나 더 높다.

그 이유를 아래와 같이 추정해본다.

미국과 브라질 상황이 우리나라와 다른점들
 ① 접종완료률이 우리나라보다 낮다.
 ② 의료 접근성이 우리나라보다 낮다.
    국토가 넓고, 의료보험이 없거나 부족한 사보험을 가진사람들이 많아서?
 ④ 트리플데믹 tripledemic(코로나, 인플루엔자, RS바이러스 동시 확산) 미국의 경우 지금 겨울.
 ⑤ 비만, 등 만성질환이 우리보다 상대적으로 더 많아서?
 ⑥ 브라질에서는 중국산, 러시아 산 백신을 많이 맞아서?

- 바이러스 변이가 다르기 때문은 아닌것같다. 이에 대한 연구가 필요해 보인다.

- 영국은 최근 코로나 집계를 더 이상 하지 않는 것같다. 사망자 집계가 11/15일 102명, 11/19일 제로 라고함(our world in data, worldometer)

- 우리나라보다 치사율이 낮은 나라는 싱가폴이 유일하다.

- 우리나라는 상대적으로 낮은 치사율 때문에?
  부스터접종을 주저하는 경향이 있는데, 그래도 매일 50명 내외 사망자가 나오고있고 누적 사망자 수가 3만명을 넘는다.

- 따라서 개량 2가 백신으로 부스터 접종이 꼭 필요하다.

	치사율 %	일 확진자수	일사망자수	일차접종완료율%
브라질	0.94	7529	71	80.2
미국	0.92	39342	360	68.7
독일	0.38	3805	143	76
프랑스	0.32	21375	69	78
이태리	0.3	15855	48	81
타이완	0.28	20972	59	86
일본	0.12	88050	110	83
한국	0.1	52512	53	86.3
싱가폴	0.03	1785	0.57	91
영국	0?	3450?	0?	최근 통계 없음

22/11/22 Our world in Data

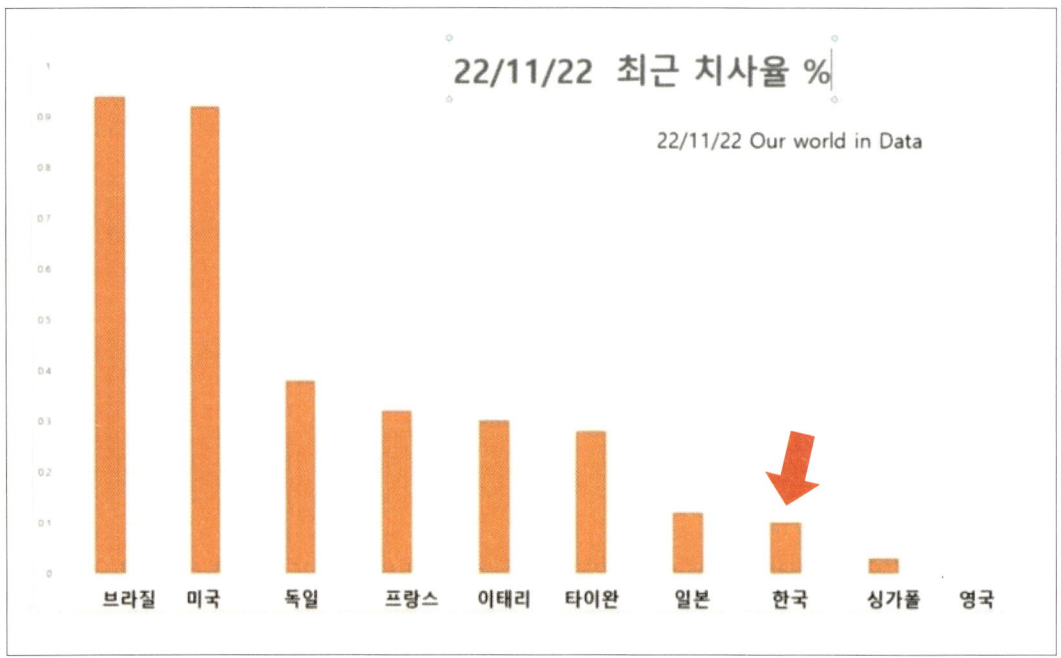

22/11/22 최근 치사율 %

22/11/22 Our world in Data

9. 의료인 폭행 방지

 의사 대상 분노범죄 모든 의료현장에서 일어날 수 있다

박인숙 블로그 2022년 6월 19일

의사 대상 분노범죄는 모든 의료현장에서 일어날 수 있다

이런 안타까운 일들이 더 끔찍하게, 더 자주 일어나는 것 같다. 더 강력한 대책이 필요하다.

저도 국회에서 이와 관련 법안을 여러개 썼고 일부 통과도 되었지만 법안 심사에서 환자를 무조건 약자, 피해자로 보는 인식, 그리고 다른 법과의 형평성 등을 고려하기 때문에 항상 미지근한 법 개정만 있었고 현장에서 느끼는 변화는 별로 없었다.

그나마 이번 사건 당사자 의사분이 생명에 지장이 없고 회복 중 이라니 다행이다. 정신적 트라우마에서도 잘 회복되시기를 기원한다.

그런데 본 기사에서 이 사건 관련 내용의 일부가 사실과 다른 점 하나를 지적한다.
'서울지역 빅5병원에서는 이런 일이 절대 안 생긴다' 고 하였으나 이는 사실과 다르다.
이런 사고는 이·삼백 병상 준 종합병원에서만 일어나는 것이 아니다.

개인의원, 치과의원에서부터 빅5병원에 이르기까지, 불만, 분노를 가진 환자나 보호자가 갈수 있는 모든 의료현장에서 발생할 수 있다.

제가 실제로 겪은 경험, 그리고 소문으로 알게된 사건들을 들겠다.
(사실 이런 경험이 한번도 없는 의료인은 아마도 거의 없다고 생각된다).

아주 오래 전 일요일 저녁 응급실로 심장병 가진 '초진 '아이가 매우 심각한 상태로 내원하였고 심폐소생술에도 불구하고 사망하였다. 난 그때 당직이 아니었고 아이가 응급실에 머문 시간도 두어시간에 불과하였다. 결과적으로 난 이 아이를 한번도 본적이 없었다.

그런데 다음 날 월요일 아침 이 아이 아빠가 면담 요청을 하여 면담실에서 직원 1명과 함께 앉아있는 상황에서 이 아이 아빠가 앞에 놓인 머그컵을 나를 향해 던지려고 하였으나 직전에 직원이 막아서 위기를 모면한 적이 있었다.

또 다른 사례도 오래 전이지만 환자가족이 심장 중환자실로 신너를 가지고 들어와서 뿌리고 불을 붙이겠다고 협박한 적이 있었다. 불발되었지만 이번 대구 변호사사무실 방화사건과 비슷한 참사가 일어날 뻔한 아찔한 사건이었다.

또 다른 사례는 부인의 치료에 불만을 품은 젊은 남자가 여자의사 머리채를 잡아서 머리털이 뭉텅 빠지는 사고도 있었다.

위와 같은 사건들은 병원에서 쉬쉬해서 공개되는 일은 거의 없고 '잠재적 가해자'에 대한 처벌은 물론 없다. 이런 노골적인 협박 이외에도 병·의원에서 환자 측이 난동, 시위를 해도 그냥 참는, 참아야하는 경우가 많다.

이제는 보다 실질적인, 강력한 대책이 필요하다.
그래야 올바른 의료가 이루어지고
공정과 상식이 통하는 사회가 될 것이다.

[참고기사 조선일보 2002년 6월 18일]

朝鮮日報

[NOW] 또 분노 범죄… 이번엔 70대가 의사에 낫 휘둘렀다

입력 2022.06.18. 오전 3:05

 13 29   가

용인 응급실서 아내 숨지자 "선물하겠다"며 찾아와 범행

지난 15일 오전 9시 5분 경기도 용인 한 종합병원 응급실에서 74세 남성 A씨가 근무 중이던 의사 목을 흉기로 찌르는 사건이 벌어졌다. A씨는 사건 발생 나흘 전인 11일 자정 해당 병원 응급실에서 숨진 70대 여성 환자 남편이었다. 경찰 조사 결과, A씨 아내는 심정지 상태로 병원에 이송됐고 심폐소생술 등 응급조치를 받았으나 결국 숨졌으며 A씨는 아내에 대한 의사 조치가 미흡했다고 불만을 품고 범행을 저지른 것으로 파악됐다. 당시 현장에서 A씨는 아내 사망 소식을 들었을 때에도 욕설을 소란을 피운 것으로 알려졌다. 지난 9일 소송에 패

한 사람이 상대 측 변호사에게 앙심을 품고 불을 질러 7명의 사망자를 낸 '대구 변호사 사무실 방화 참사'가 터진 지 일주일도 안 돼 이번엔 의사를 상대로 한 분노 범죄가 발생한 것이다.

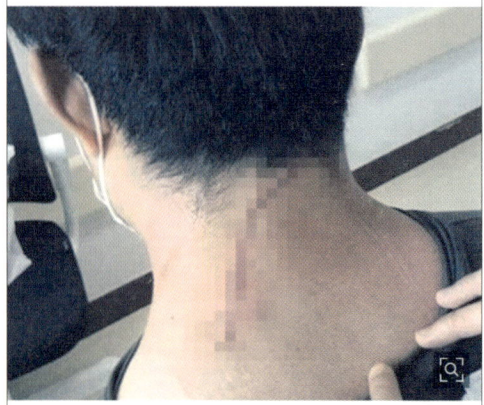

지난 15일 경기도 용인 한 병원 응급실에서 70대 남성이 휘두른 흉기에 목을 10cm 넘게 베여 수술을 받은 피해 의사의 뒷모습. /MBC

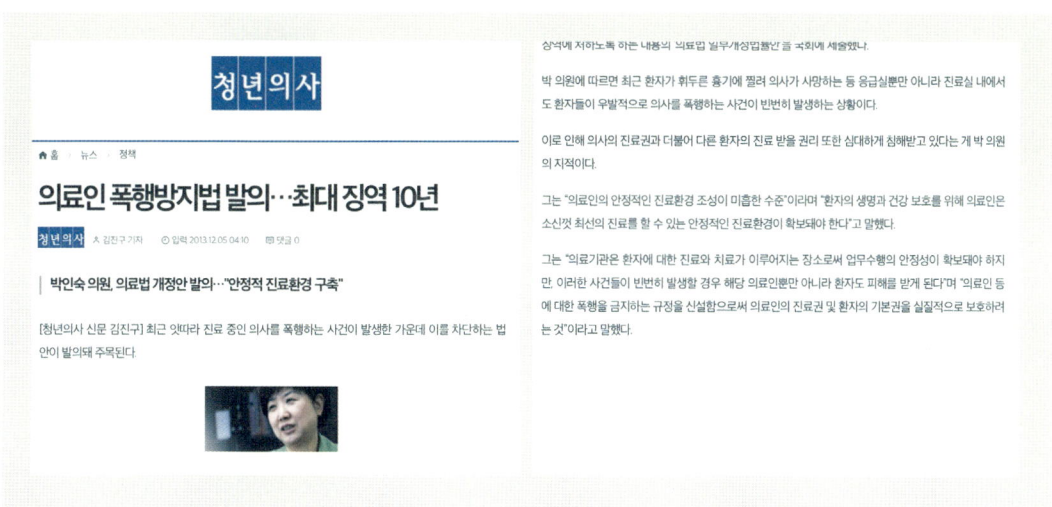

의료인 폭행방지법 발의…최대 징역 10년   청년의사 2013년 12월 5일

박인숙 의원, 의료법 개정안 발의…"안정적 진료환경 구축"

[청년의사 신문 김진구] 최근 잇따라 진료 중인 의사를 폭행하는 사건이 발생한 가운데 이를 차단하는 법안이 발의돼 주목된다.

새누리당 박인숙 의원은 지난 4일 의료인을 폭행 또는 협박해 진료를 방해할 경우 1년 이상 10년 이하의 징역에 처하도록 하는 내용의 '의료법 일부개정법률안'을 국회에 제출했다.

박 의원에 따르면 최근 환자가 휘두른 흉기에 찔려 의사가 사망하는 등 응급실뿐만 아니라 진료실 내에서도 환자들이 우발적으로 의사를 폭행하는 사건이 빈번히 발생하는 상황이다.

이로 인해 의사의 진료권과 더불어 다른 환자의 진료 받을 권리 또한 심대하게 침해받고 있다는 게 박 의원의 지적이다.

그는 "의료인의 안정적인 진료환경 조성이 미흡한 수준"이라며 "환자의 생명과 건강 보호를 위해 의료인은 소신껏 최선의 진료를 할 수 있는 안정적인 진료환경이 확보돼야 한다"고 말했다.

그는 "의료기관은 환자에 대한 진료와 치료가 이루어지는 장소로써 업무수행의 안정성이 확보돼야 하지만, 이러한 사건들이 빈번히 발생할 경우 해당 의료인뿐만 아니라 환자도 피해를 받게 된다"며 "의료인 등에 대한 폭행을 금지하는 규정을 신설함으로써 의료인의 진료권 및 환자의 기본권을 실질적으로 보호하려는 것"이라고 말했다.

의료인 폭행방지법

의료법 일부개정법률안
(박인숙의원 대표발의)

의 안 번 호	18051

발의연월일 : 2019. 1. 4.
발 의 자 : 박인숙·정진석·김세연
김규환·김선동·유동수
윤종필·송희경·박성중
정태옥·주호영·김무성
의원(12인)

제안이유 및 주요내용

 최근 한 병원에서 진료 중이던 의사가 환자에게 살해당하는 사건이 발생하면서 의료기관 내에서의 의료인 보호를 위한 방안 마련에 대한 요구가 커지고 있는데, 현행법상의 규정들만으로는 의료인 및 환자를 보호하는데 한계가 있는 것으로 보임.

 이에 병원급 의료기관은 의료기관 내에서의 범죄 예방을 통한 의료인과 환자의 안전확보를 위하여 보안장비 및 보안요원을 설치·배치하도록 하고, 의료기관과 의료인에 대한 폭력행위에 대해서는 징역형만을 선고하도록 하는 등 현행규정을 보다 강화함으로써 의료인과 환자의 안전확보에 기여하려는 것임(안 제36조 및 제87조).

의료인 폭행방지법

응급의료에 관한 법률 일부개정법률안
(박인숙의원 대표발의)

의안번호	14389

발의연월일 : 2018. 7. 13.
발 의 자 : 박인숙·이명수·윤종필
김상훈·김성원·송희경
이진복·김세연·권성동
여상규 의원(10건)

제안이유 및 주요내용

최근 한 병원 응급실에서 근무 중이던 의사가 술에 취한 환자에게 폭행을 당하여 상해를 입은 사건이 발생하여 응급실에서의 응급의료종사자 폭행을 방지할 수 있는 강력한 규정 마련의 필요성이 높아지고 있음.

현행 응급의료에 관한 법률은 응급실에서 응급의료종사자 폭행 시 5년 이하의 징역 또는 5천만원 이하의 벌금에 처하도록 하고 있으나 현실적으로 폭행방지 효과가 미미하여 처벌내용을 강화함으로써 실질적인 효과를 도모하고자 함.

이에 응급실 응급의료종사자 폭행의 처벌내용 중 '벌금형을 삭제하고 징역형만을 부과'하도록 함으로써 응급의료종사자의 진료안전 확보에 기여하고자 함(안 제60조).

의료인 폭행방지법

의료법 일부개정법률안
(박인숙의원 대표발의)

의 안 번 호	8292

발의연월일 : 2013. 12. 4.
발 의 자 : 박인숙·이낙연·이주영
　　　　　김태원·이만우·송영근
　　　　　정희수·안홍준·김장실
　　　　　강은희 의원(10인)

제안이유

전 국민 건강보험체제를 가지고 있는 우리나라는 다른 나라에 비해 의료에 관한 접근성이 높아서 모든 국민이 의료기관을 손쉽게 이용하고 있다는 평가를 받고 있음. 하지만 여전히 국민의 안정된 진료권 보장이 제대로 이루어지지 않는 경우가 많고, 더불어 의료인의 안정적인 진료환경 조성도 미흡한 수준임. 환자의 생명과 건강 보호를 위해 의료인은 소신껏 최선의 진료를 할 수 있는 안정적인 진료환경이 확보되어야 함.

최근 의사가 환자가 휘두른 흉기에 찔려 사망하는 등 응급실뿐만 아니라 진료실 내에서도 환자들이 우발적으로 의사를 폭행하는 사건이 빈번히 발생하여 의사의 진료권과 더불어 다른 환자의 진료받을 권리 또한 심대하게 침해받고 있음. 의료기관은 환자에 대한 진료와 치료가 이루어지는 장소로서 업무수행의 안정성이 확보되어야 하나

의료인 폭행방지법

의료법 일부개정법률안
(박인숙의원 대표발의)

의안번호: 14397

발의연월일 : 2018. 7. 13.
발 의 자 : 박인숙·이명수·김상훈
윤종필·김성원·송희경
이진복·김세연·권성동
여상규 의원(10인)

제안이유 및 주요내용

　최근 한 병원 응급실에서 근무 중이던 의사가 술에 취한 환자에게 폭행을 당하여 상해를 입은 사건이 발생하여 의료기관에서의 의료인 폭행을 방지할 수 있는 강력한 규정마련의 필요성이 높아지고 있음.

　현행 의료법은 의료기관에서의 진료방해나 의료인 폭행 시 5년 이하의 징역 또는 5천만원 이하의 벌금을 처하도록 하고 있으나, 현실적으로 폭행방지 효과가 미미하여 처벌내용을 강화함으로써 실질적인 효과를 도모하고자 함.

　이에 의료기관에서의 진료방해나 의료인 폭행의 처벌내용 중 '벌금형을 삭제하고 징역형만을 부과'하도록 함으로써 의료인의 진료안전 확보에 기여하고자 함.

　또한 의료기관에서의 진료방해나 의료인 폭행 시 피해자가 가해자의 처벌을 원하지 않는다는 의사를 표시하더라도 처벌할 수 있도록 함(안 제87조).

10. 경찰병원 사건

2014년 경찰병원이 대단히 억울한 '사건' 때문에 의료법위반이라는 '누명'을 쓰고 송파구 보건소로부터 3개월 영업정지라는 행정처분을 받았다. 당시 국회 안전행정위원회 위원으로 경찰병원이 받은 이 중대한 행정처분의 부당함을 안전행정위원회에서 지적하여 결국 경찰병원이 무혐의처분을 받게 되었다.

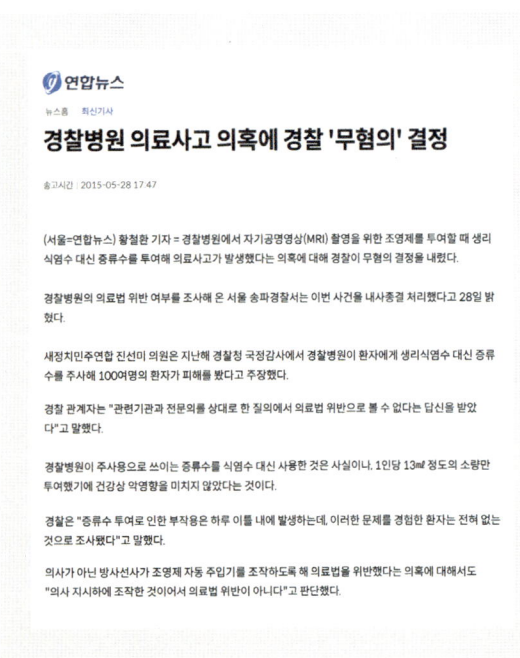

경찰병원 의료사고 의혹에 경찰 '무혐의' 결정

연합뉴스 2015년 5월 28일

**박인숙 의원, 5년 시효 설정법 발의…
'다른 직역과 형평성 고려'**

(서울=연합뉴스) 황철환 기자 =경찰병원에서 자기공명영상(MRI) 촬영을 위한 조영제를 투여할 때 생리식염수 대신 증류수를 투여해 의료사고가 발생했다는 의혹에 대해 경찰이 무혐의 결정을 내렸다.

경찰병원의 의료법 위반 여부를 조사해 온 서울 송파경찰서는 이번 사건을 내사종결 처리했다고 28일 밝혔다.

새정치민주연합 진선미 의원은 지난해 경찰청 국정감사에서 경찰병원이 환자에게 생리식염수 대신 증류수를 주사해 100여명의 환자가 피해를 봤다고 주장했다.

경찰 관계자는 "관련기관과 전문의를 상대로 한 질의에서 의료법 위반으로 볼 수 없다는 답신을 받았다"고 말했다.

경찰병원이 주사용으로 쓰이는 증류수를 식염수 대신 사용한 것은 사실이나, 1인당 13㎖ 정도의 소량만 투여했기에 건강상 악영향을 미치지 않았다는 것이다.

경찰은 "증류수 투여로 인한 부작용은 하루 이틀 내에 발생하는데, 이러한 문제를 경험한 환자는 전혀 없는 것으로 조사됐다"고 말했다.

의사가 아닌 방사선사가 조영제 자동 주입기를 조작하도록 해 의료법을 위반했다는 의혹에 대해서도 "의사 지시하에 조작한 것이어서 의료법 위반이 아니다"고 판단했다.

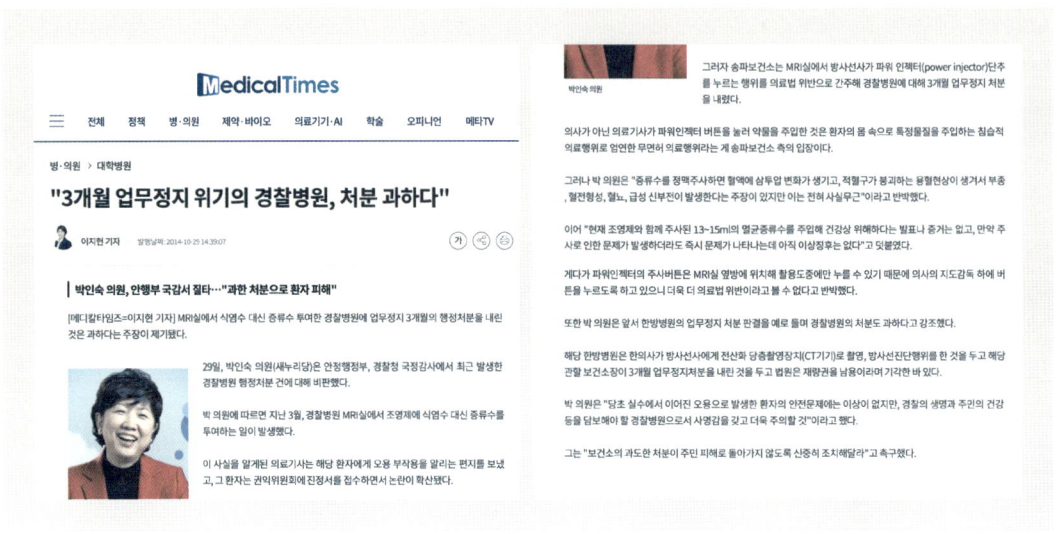

"3개월 업무정지 위기의 경찰병원, 처분 과하다"

메디컬타임즈 2014년 10월 29일

박인숙 의원, 안행부 국감서 질타…"과한 처분으로 환자 피해"

[메디칼타임즈=이지현 기자] MRI실에서 식염수 대신 증류수 투여한 경찰병원에 업무정지 3개월의 행정처분을 내린 것은 과하다는 주장이 제기됐다.

29일, 박인숙 의원(새누리당)은 안정행정부, 경찰청 국정감사에서 최근 발생한 경찰병원 행정처분 건에 대해 비판했다.

박 의원에 따르면 지난 3월, 경찰병원 MRI실에서 조영제에 식염수 대신 증류수를 투여하는 일이 발생했다.

이 사실을 알게된 의료기사는 해당 환자에게 오용 부작용을 알리는 편지를 보냈고, 그 환자는 권익위원회에 진정서를 접수하면서 논란이 확산됐다.

그러자 송파보건소는 MRI실에서 방사선사가 파워 인젝터(power injector)단추를 누르는 행위를 의료법 위반으로 간주해 경찰병원에 대해 3개월 업무정지 처분을 내렸다.

의사가 아닌 의료기사가 파워인젝터 버튼을 눌러 약물을 주입한 것은 환자의 몸 속으로 특정

물질을 주입하는 침습적 의료행위로 엄연한 무면허 의료행위라는 게 송파보건소 측의 입장이다.

그러나 박 의원은 "증류수를 정맥주사하면 혈액에 삼투압 변화가 생기고, 적혈구가 붕괴하는 용혈현상이 생겨서 부종, 혈전형성, 혈뇨, 급성 신부전이 발생한다는 주장이 있지만 이는 전혀 사실무근"이라고 반박했다.

이어 "현재 조영제와 함께 주사된 13~15ml의 멸균증류수를 주입해 건강상 위해하다는 발표나 증거는 없고, 만약 주사로 인한 문제가 발생하더라도 즉시 문제가 나타나는데 아직 이상징후는 없다"고 덧붙였다.

게다가 파워인젝터의 주사버튼은 MRI실 옆방에 위치해 촬용도중에만 누를 수 있기 때문에 의사의 지도감독 하에 버튼을 누르도록 하고 있으니 더욱 더 의료법 위반이라고 볼 수 없다고 반박했다.

또한 박 의원은 앞서 한방병원의 업무정지 처분 판결을 예로 들며 경찰병원의 처분도 과하다고 강조했다.

해당 한방병원은 한의사가 방사선사에게 전산화 당층촬영장치(CT기기)로 촬영, 방사선진단 행위를 한 것을 두고 해당 관할 보건소장이 3개월 업무정지처분을 내린 것을 두고 법원은 재량권을 남용이라며 기각한 바 있다.

박 의원은 "당초 실수에서 이어진 오용으로 발생한 환자의 안전문제에는 이상이 없지만, 경찰의 생명과 주민의 건강 등을 담보해야 할 경찰병원으로서 사명감을 갖고 더욱 주의할 것"이라고 했다.

그는 "보건소의 과도한 처분이 주민 피해로 돌아가지 않도록 신중히 조치해달라"고 촉구했다.

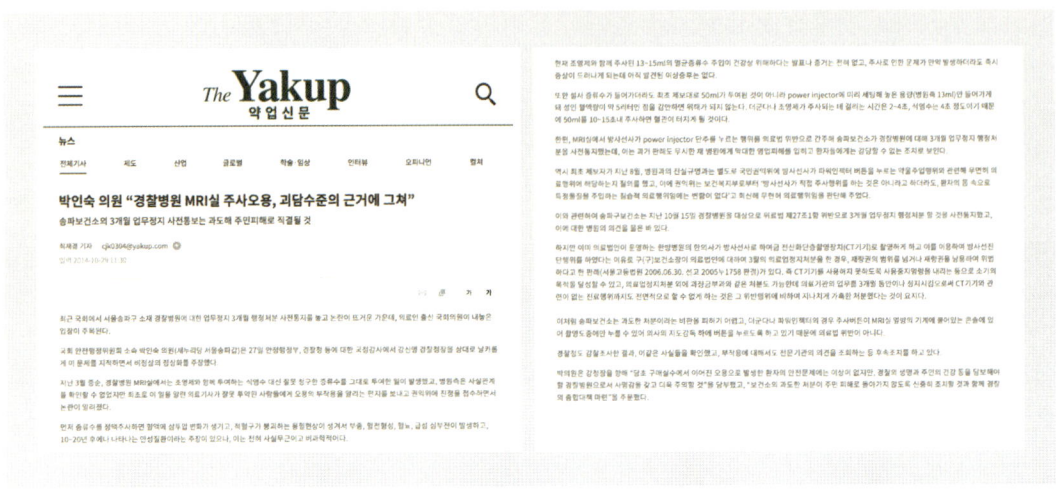

박인숙 의원 "경찰병원 MRI실 주사오용, 괴담수준의 근거에 그쳐"

약업신문 2014년 10월 29일

송파보건소의 3개월 업무정지 사전통보는 과도해 주민피해로 직결될 것

최근 국회에서 서울송파구 소재 경찰병원에 대한 업무정지 3개월 행정처분 사전통지를 놓고 논란이 뜨거운 가운데, 의료인 출신 국회의원이 내놓은 입장이 주목된다.

국회 안전행정위원회 소속 박인숙 의원(새누리당 서울송파갑)은 27일 안정행정부, 경찰청 등에 대한 국정감사에서 강신명 경찰청장을 상대로 날카롭게 이 문제를 지적하면서 비정상의 정상화를 주장했다.

지난 3월 중순, 경찰병원 MRI실에서는 조영제와 함께 투여하는 식염수 대신 잘못 청구한 증류수를 그대로 투여한 일이 발생했고, 병원측은 사실관계를 확인할 수 없었지만 최초로 이 일을 알린 의료기사가 잘못 투약된 사람들에게 오용의 부작용을 알리는 편지를 보내고 권익위에 진정을 접수하면서 논란이 알려졌다.

먼저 증류수를 정맥주사하면 혈액에 삼투압 변화가 생기고, 적혈구가 붕괴하는 용혈현상이 생겨서 부종, 혈전형성, 혈뇨, 급성 심부전이 발생하고, 10~20년 후에나 나타나는 만성질환이라는 주장이 있으나, 이는 전혀 사실무근이고 비과학적이다.

현재 조영제와 함께 주사된 13~15ml의 멸균증류수 주입이 건강상 위해하다는 발표나 증거는 전혀 없고, 주사로 인한 문제가 만약 발생하더라도 즉시 증상이 드러나게 되는데 아직 발견된 이상증후는 없다.

또한 설사 증류수가 들어가더라도 최초 제보대로 50ml가 투여된 것이 아니라 power injector에 미리 세팅해 놓은 용량(병원측 13ml)만 들어가게 돼 성인 혈액량이 약 5리터인 점을 감안하면 위해가 되지 않는다. 더군다나 조영제가 주사되는 데 걸리는 시간은 2~4초, 식염수는 4초 정도이기 때문에 50ml를 10~15초내 주사하면 혈관이 터지게 될 것이다.

한편, MRI실에서 방사선사가 power injector 단추를 누르는 행위를 의료법 위반으로 간주해 송파보건소가 경찰병원에 대해 3개월 업무정지 행정처분을 사전통지했는데, 이는 과거 판례도 무시한 채 병원에게 막대한 영업피해를 입히고 환자들에게는 감당할 수 없는 조치로 보인다.

역시 최초 제보자가 지난 8월, 병원과의 진실규명과는 별도로 국민권익위에 방사선사가 파워인젝터 버튼을 누르는 약물주입행위와 관련해 무면허 의료행위에 해당하는지 질의를 했고, 이에 권익위는 보건복지부로부터 '방사선사가 직접 주사행위를 하는 것은 아니라고 하더라도, 환자의 몸 속으로 특정물질을 주입하는 침습적 의료행위임에는 변함이 없다'고 회신해 무현허 의료행위임을 판단해 주었다.

이와 관련하여 송파구보건소는 지난 10월 15일 경찰병원을 대상으로 위료법 제27조1항 위반으로 3개월 업무정지 행정처분 할 것을 사전통지했고, 이에 대한 병원의 의견을 물은 바 있다.

하지만 이미 의료법인이 운영하는 한방병원의 한의사가 방사선사로 하여금 전산화단층촬영장치(CT기기)로 촬영하게 하고 이를 이용하여 방사선진단행위를 하였다는 이유로 구(구)보건소장이 의료법인에 대하여 3월의 의료업정지처분을 한 경우, 재량권의 범위를 넘거나 재량권을 남용하여 위법하다고 한 판례(서울고등법원 2006.06.30. 선고 2005누1758 판결)가 있다. 즉 CT기기를 사용하지 못하도록 사용중지명령을 내리는 등으로 소기의 목적을 달성할 수 있고, 의료업정지처분 외에 과징금부과와 같은 처분도 가능한데 의료기관의 업무를 3개월 동안이나 정지시킴으로써 CT기기와 관련이 없는 진료행위까지도 전면적으로 할 수 없게 하는 것은 그 위반행위에 비하여 지나치게 가혹한 처분했다는 것이 요지다.

이처럼 송파보건소는 과도한 처분이라는 비판을 피하기 어렵고, 더군다나 파워인젝터의 경우 주사버튼이 MRI실 옆방의 기계에 붙어있는 콘솔에 있어 촬영도중에만 누를 수 있어 의사의 지도감독 하에 버튼을 누르도록 하고 있기 때문에 의료법 위반이 아니다.

경찰청도 감찰조사한 결과, 이같은 사실들을 확인했고, 부작용에 대해서도 전문기관의 의견을 조회하는 등 후속조치를 하고 있다.

박의원은 강청장을 향해 "당초 구매실수에서 이어진 오용으로 발생한 환자의 안전문제에는 이상이 없지만, 경찰의 생명과 주민의 건강 등을 담보해야 할 경찰병원으로서 사명감을 갖고 더욱 주의할 것"을 당부했고, "보건소의 과도한 처분이 주민 피해로 돌아가지 않도록 신중히 조치할 것과 함께 경찰의 종합대책 마련"을 주문했다.

11. 기타 글, 발언

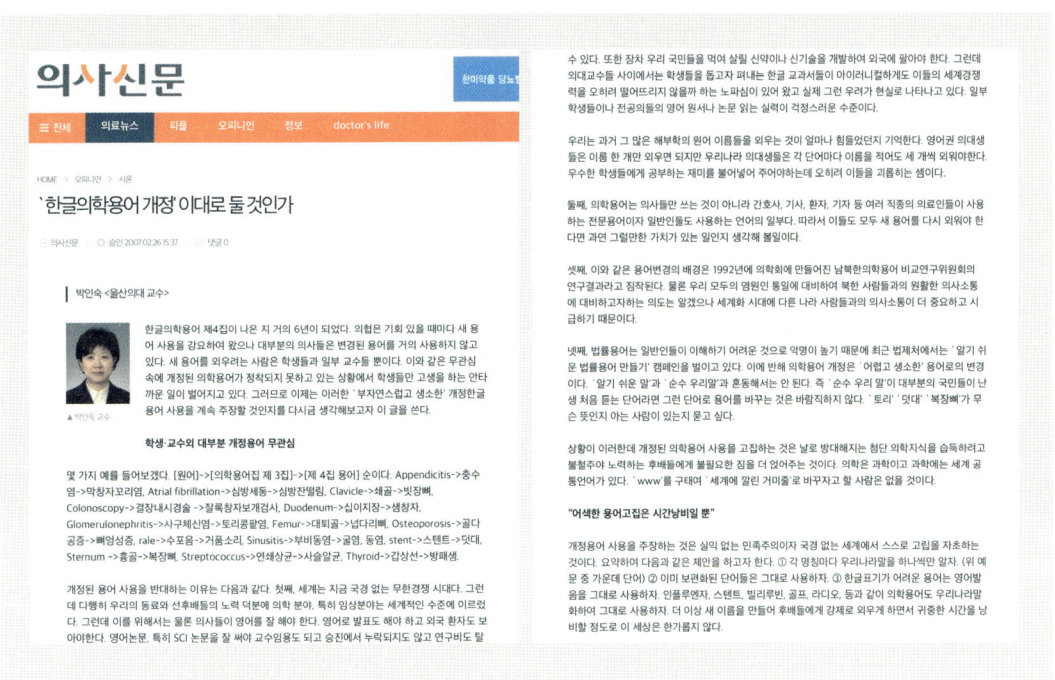

'한글의학용어 개정' 이대로 둘 것인가

의사신문 2017년 2월 26일

한글의학용어 제4집이 나온 지 거의 6년이 되었다. 의협은 기회 있을 때마다 새 용어 사용을 강요하여 왔으나 대부분의 의사들은 변경된 용어를 거의 사용하지 않고 있다. 새 용어를 외우려는 사람은 학생들과 일부 교수들 뿐이다. 이와 같은 무관심 속에 개정된 의학용어가 정착되지 못하고 있는 상황에서 학생들만 고생을 하는 안타까운 일이 벌어지고 있다. 그러므로 이제는 이러한 '부자연스럽고 생소한' 개정한글용어 사용을 계속 주장할 것인지를 다시금 생각해보고자 이 글을 쓴다.

학생·교수외 대부분 개정용어 무관심

몇 가지 예를 들어보겠다. [원어] → [의학용어집 제 3집] → [제 4집 용어] 순이다.

'한글의학용어 개정' 이대로 둘 것인가

의사신문 2017년 2월 26일

한글의학용어 제4집이 나온 지 거의 6년이 되었다. 의협은 기회 있을 때마다 새 용어 사용을 강요하여 왔으나 대부분의 의사들은 변경된 용어를 거의 사용하지 않고 있다. 새 용어를 외우려는 사람은 학생들과 일부 교수들 뿐이다. 이와 같은 무관심 속에 개정된 의학용어가 정착되지 못하고 있는 상황에서 학생들만 고생을 하는 안타까운 일이 벌어지고 있다. 그러므로 이제는 이러한 '부자연스럽고 생소한' 개정한글용어 사용을 계속 주장할 것인지를 다시금 생각해 보고자 이 글을 쓴다.

학생·교수외 대부분 개정용어 무관심

몇 가지 예를 들어보겠다. [원어] → [의학용어집 제 3집] → [제 4집 용어] 순이다.
Appendicitis → 충수염 → 막창자꼬리염, Atrial fibrillation → 심방세동 → 심방잔떨림,
Clavicle → 쇄골 → 빗장뼈, Colonoscopy → 결장내시경술 → 잘록창자보개검사,
Duodenum → 십이지장 → 샘창자, Glomerulonephritis → 사구체신염 → 토리콩팥염,
Femur → 대퇴골 → 넙다리뼈, Osteoporosis → 골다공증 → 뼈엉성증,
rale → 수포음 → 거품소리, Sinusitis → 부비동염 → 굴염, 동염, stent → 스텐트 → 덧대,
Sternum → 흉골 → 복장뼈, Streptococcus → 연쇄상균 → 사슬알균,
Thyroid → 갑상선 → 방패샘.

개정된 용어 사용을 반대하는 이유는 다음과 같다. 첫째, 세계는 지금 국경 없는 무한경쟁 시대다. 그런데 다행히 우리의 동료와 선후배들의 노력 덕분에 의학 분야, 특히 임상분야는 세계적인 수준에 이르렀다. 그런데 이를 위해서는 물론 의사들이 영어를 잘 해야 한다. 영어로 발표도 해야 하고 외국 환자도 보아야한다. 영어논문, 특히 SCI 논문을 잘 써야 교수임용도 되고 승진에서 누락되지도 않고 연구비도 탈 수 있다. 또한 장차 우리 국민들을 먹여 살릴 신약이나 신기술을 개발하여 외국에 팔아야 한다. 그런데 의대교수들 사이에서는 학생들을 돕고자 펴내는 한글 교과서들이 아이러니컬하게도 이들의 세계경쟁력을 오히려 떨어뜨리지 않을까 하는 노파심이 있어 왔고 실제 그런 우려가 현실로 나타나고 있다. 일부 학생들이나 전공의들의 영어 원서나 논문 읽는 실력이 걱정스러운 수준이다.

우리는 과거 그 많은 해부학의 원어 이름들을 외우는 것이 얼마나 힘들었던지 기억한다. 영어권 의대생들은 이름 한 개만 외우면 되지만 우리나라 의대생들은 각 단어마다 이름을 적어도

세 개씩 외워야한다. 우수한 학생들에게 공부하는 재미를 불어넣어 주어야하는데 오히려 이들을 괴롭히는 셈이다.

둘째, 의학용어는 의사들만 쓰는 것이 아니라 간호사, 기사, 환자, 기자 등 여러 직종의 의료인들이 사용하는 전문용어이자 일반인들도 사용하는 언어의 일부다. 따라서 이들도 모두 새 용어를 다시 외워야 한다면 과연 그럴만한 가치가 있는 일인지 생각해 볼일이다.

셋째, 이와 같은 용어변경의 배경은 1992년에 의학회에 만들어진 남북한의학용어 비교연구위원회의 연구결과라고 짐작된다. 물론 우리 모두의 염원인 통일에 대비하여 북한 사람들과의 원활한 의사소통에 대비하고자하는 의도는 알겠으나 세계화 시대에 다른 나라 사람들과의 의사소통이 더 중요하고 시급하기 때문이다.

넷째, 법률용어는 일반인들이 이해하기 어려운 것으로 악명이 높기 때문에 최근 법제처에서는 '알기 쉬운 법률용어 만들기' 캠페인을 벌이고 있다. 이에 반해 의학용어 개정은 '어렵고 생소한' 용어로의 변경이다. '알기 쉬운 말'과 '순수 우리말'과 혼동해서는 안 된다. 즉 '순수 우리말'이 대부분의 국민들이 난생 처음 듣는 단어라면 그런 단어로 용어를 바꾸는 것은 바람직하지 않다. '토리' '덧대' '복장뼈'가 무슨 뜻인지 아는 사람이 있는지 묻고 싶다.

상황이 이러한데 개정된 의학용어 사용을 고집하는 것은 날로 방대해지는 첨단 의학지식을 습득하려고 불철주야 노력하는 후배들에게 불필요한 짐을 더 얹어주는 것이다. 의학은 과학이고 과학에는 세계 공통언어가 있다. 'www'를 구태여 '세계에 깔린 거미줄'로 바꾸자고 할 사람은 없을 것이다.

"어색한 용어고집은 시간낭비일 뿐"

개정용어 사용을 주장하는 것은 실익 없는 민족주의이자 국경 없는 세계에서 스스로 고립을 자초하는 것이다. 요약하여 다음과 같은 제안을 하고자 한다. ① 각 명칭마다 우리나라말을 하나씩만 알자. (위 예문 중 가운데 단어) ② 이미 보편화된 단어들은 그대로 사용하자. ③ 한글표기가 어려운 용어는 영어발음을 그대로 사용하자. 인플루엔자, 스텐트, 빌리루빈, 골프, 라디오, 등과 같이 의학용어도 우리나라말 화하여 그대로 사용하자. 더 이상 새 이름을 만들어 후배들에게 강제로 외우게 하면서 귀중한 시간을 낭비할 정도로 이 세상은 한가롭지 않다.

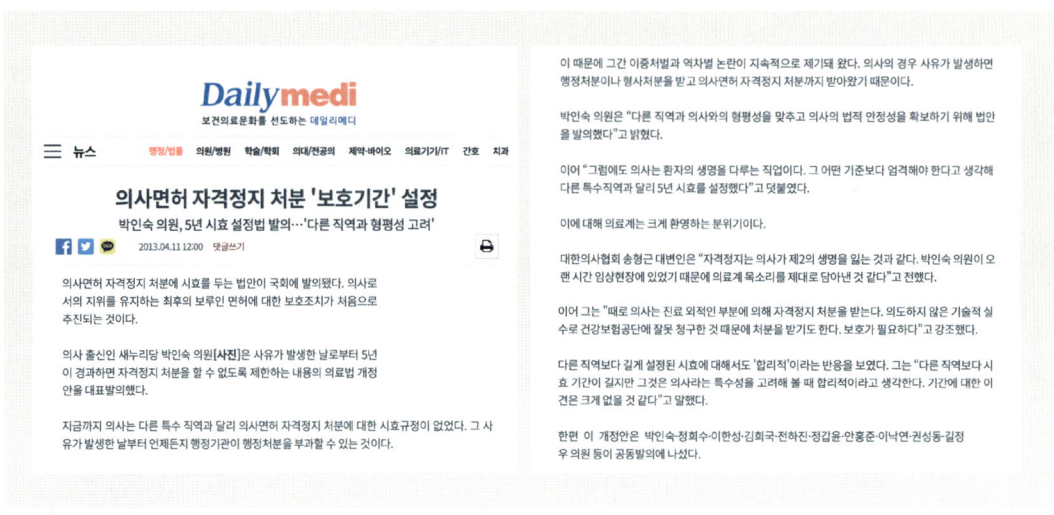

의사면허 자격정지 처분 '보호기간' 설정   데일리메디 2013년 4월 11일

박인숙 의원, 5년 시효 설정법 발의…'다른 직역과 형평성 고려'

의사면허 자격정지 처분에 시효를 두는 법안이 국회에 발의됐다. 의사로서의 지위를 유지하는 최후의 보루인 면허에 대한 보호조치가 처음으로 추진되는 것이다.

의사 출신인 새누리당 박인숙 의원[사진]은 사유가 발생한 날로부터 5년이 경과하면 자격정지 처분을 할 수 없도록 제한하는 내용의 의료법 개정안을 대표발의했다.

지금까지 의사는 다른 특수 직역과 달리 의사면허 자격정지 처분에 대한 시효규정이 없었다. 그 사유가 발생한 날부터 언제든지 행정기관이 행정처분을 부과할 수 있는 것이다.

현재 변호사, 공인회계사, 공인노무사 및 변리사 등 의사와 같은 전문직역의 경우 징계 또는 자격정지 처분 시효를 그 사유가 발생한 날부터 3년으로 두고 있다.

이 때문에 그간 이중처벌과 역차별 논란이 지속적으로 제기돼 왔다. 의사의 경우 사유가 발생하면 행정처분이나 형사처분을 받고 의사면허 자격정지 처분까지 받아왔기 때문이다.

박인숙 의원은 "다른 직역과 의사와의 형평성을 맞추고 의사의 법적 안정성을 확보하기 위해 법안을 발의했다"고 밝혔다.

이어 "그럼에도 의사는 환자의 생명을 다루는 직업이다. 그 어떤 기준보다 엄격해야 한다고 생각해 다른 특수직역과 달리 5년 시효를 설정했다"고 덧붙였다.

이에 대해 의료계는 크게 환영하는 분위기이다.

대한의사협회 송형근 대변인은 "자격정지는 의사가 제2의 생명을 잃는 것과 같다. 박인숙 의원이 오랜 시간 임상현장에 있었기 때문에 의료계 목소리를 제대로 담아낸 것 같다"고 전했다.

이어 그는 "때로 의사는 진료 외적인 부분에 의해 자격정지 처분을 받는다. 의도하지 않은 기술적 실수로 건강보험공단에 잘못 청구한 것 때문에 처분을 받기도 한다. 보호가 필요하다"고 강조했다.

다른 직역보다 길게 설정된 시효에 대해서도 '합리적'이라는 반응을 보였다. 그는 "다른 직역보다 시효 기간이 길지만 그것은 의사라는 특수성을 고려해 볼 때 합리적이라고 생각한다. 기간에 대한 이견은 크게 없을 것 같다"고 말했다.

한편 이 개정안은 박인숙·정희수·이한성·김희국·전하진·정갑윤·안홍준·이낙연·권성동·길정우 의원 등이 공동발의에 나섰다.

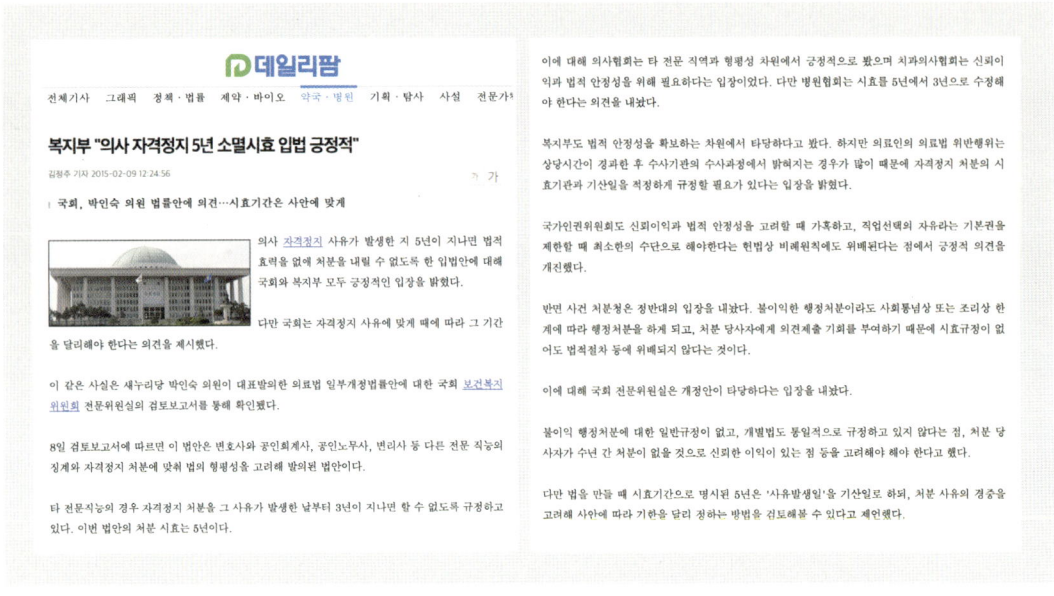

복지부 "의사 자격정지 5년 소멸시효 입법 긍정적"

데일리팜 2015년 2월 9일

국회, 박인숙 의원 법률안에 의견…시효기간은 사안에 맞게

의사 자격정지 사유가 발생한 지 5년이 지나면 법적 효력을 없애 처분을 내릴 수 없도록 한 입법안에 대해 국회와 복지부 모두 긍정적인 입장을 밝혔다.

다만 국회는 자격정지 사유에 맞게 때에 따라 그 기간을 달리해야 한다는 의견을 제시했다.

이 같은 사실은 새누리당 박인숙 의원이 대표발의한 의료법 일부개정법률안에 대한 국회 보건복지위원회 전문위원실의 검토보고서를 통해 확인됐다.

8일 검토보고서에 따르면 이 법안은 변호사와 공인회계사, 공인노무사, 변리사 등 다른 전문 직능의 징계와 자격정지 처분에 맞춰 법의 형평성을 고려해 발의된 법안이다.

타 전문직능의 경우 자격정지 처분을 그 사유가 발생한 날부터 3년이 지나면 할 수 없도록 규정하고 있다. 이번 법안의 처분 시효는 5년이다.

이에 대해 의사협회는 타 전문 직역과 형평성 차원에서 긍정적으로 봤으며 치과의사협회는 신뢰이익과 법적 안정성을 위해 필요하다는 입장이었다. 다만 병원협회는 시효를 5년에서 3년으로 수정해야 한다는 의견을 내놨다.

복지부도 법적 안정성을 확보하는 차원에서 타당하다고 봤다. 하지만 의료인의 의료법 위반 행위는 상당시간이 경과한 후 수사기관의 수사과정에서 밝혀지는 경우가 많이 때문에 자격정지 처분의 시효기관과 기산일을 적정하게 규정할 필요가 있다는 입장을 밝혔다.

국가인권위원회도 신뢰이익과 법적 안정성을 고려할 때 가혹하고, 직업선택의 자유라는 기본권을 제한할 때 최소한의 수단으로 해야한다는 헌법상 비례원칙에도 위배된다는 점에서 긍정적 의견을 개진했다.

반면 사건 처분청은 정반대의 입장을 내놨다. 불이익한 행정처분이라도 사회통념상 또는 조리상 한계에 따라 행정처분을 하게 되고, 처분 당사자에게 의견제출 기회를 부여하기 때문에 시효규정이 없어도 법적절차 등에 위배되지 않다는 것이다.

이에 대해 국회 전문위원실은 개정안이 타당하다는 입장을 내놨다.

불이익 행정처분에 대한 일반규정이 없고, 개별법도 통일적으로 규정하고 있지 않다는 점, 처분 당사자가 수년 간 처분이 없을 것으로 신뢰한 이익이 있는 점 등을 고려해야 해야 한다고 했다.

다만 법을 만들 때 시효기간으로 명시된 5년은 '사유발생일'을 기산일로 하되, 처분 사유의 경중을 고려해 사안에 따라 기한을 달리 정하는 방법을 검토해볼 수 있다고 제언했다.

사유 발생 후 5년 지나면 의료인 자격정지 처분 '불가'

메디파나 2013년 4월 11일

새누리 박인숙 의원 대표발의…"의료취약지 응급의료기관 운영비 국가 지원" 법안도

의료인에 대한 자격정지 처분이 사유 발생일로부터 5년 이내로 제한되는 입법이 추진된다.

아울러 응급의료 취약지에 있는 응급의료기관의 운영비와 당직전문의 인건비를 국가와 지자체가 지원하도록 하는 법안도 발의됐다.

새누리당 박인숙 의원(사진)은 10일 오후 의료인의 자격정지 처분 시효 규정을 마련하는 내용의 '의료법일부개정법률안'을 국회에 제출했다.

이에 동 법안에는 자격정지처분 사유가 발생한 날로부터 5년이 경과하면 자격정지처분을 할 수 없도록 제한한다는 내용이 담겼다.

현재 변호사, 공인회계사, 공인노무사 및 변리사 등의 전문 직역의 경우 징계 또는 자격정지처분을 그 사유가 발생한 날부터 3년이 지났을 경우에는 할 수 없도록 시효를 한정하고 있다.

그러나 의료인의 경우 현행법에서 자격정지처분에 대한 시효규정이 없어 그 사유가 발생한 날부터 언제든지 행정기관이 행정처분을 부과할 수 있어 법적 형평성 및 안정성을 해칠 우려가 있다는 것이 박 의원 지적이다.

박 의원은 "2005년 국가인권위원회는 '부동산중개업법'에 업무정지처분의 시효를 두지 않는 것은 행정에 대한 신뢰의 이익과 법적 안정성을 위협하는 것으로 직업선택의 자유를 침해하는 것이라고 판단하고 관련 법의 개정을 권고한 바 있다"고 설명했다.

이어 박 의원은 "의료인의 자격정지 처분 시효 규정을 마련함으로써 법적 형평성 및 안정성을 확보하려는 것"이라고 발의 배경을 밝혔다.

아울러 같은날 새누리당 김재원 의원(사진)은 응급의료 취약지의 응급의료기관에 대해 국가와 지자체가 운영비 및 당직전문의 인건비를 지원하도록 하는 '응급의료에관한법률일부개정법률안'을 대표발의했다.

지난해 8월부터 정부는 공휴일과 야간에 언제든지 의료기관을 이용할 수 있도록 비상진료체계를 구축하는 응급의료제도를 시행하고 있다.

그러나 이같은 비상진료체계가 농어촌 응급의료전달체계의 악화를 초래하고 있다는 것이 김 의원의 지적이다.

농어촌에 있는 지방 병원급 의료기관의 경우 비상진료체계를 갖추기 위한 응급실 당직전문의 채용에 따른 인건비의 추가 부담 등 경영상 어려움을 겪음에 따라 응급의료센터의 지정을 반납하고 있다는 것이다.

김 의원은 "응급의료를 받을 권리에 지역적 요건을 추가해 차별받지 않도록 하고 국가 및 지방자치단체가 응급의료취약지에 있는 응급의료기관의 운영비 및 당직전문의 인건비를 지원함으로써 응급의료취약지를 해소하려는 것"이라고 발의 배경을 밝혔다.

의사면허 자격정지 처분 시효 설정법

의료법 일부개정법률안
(박인숙의원 대표발의)

의 안 번 호	4475

발의연월일 : 2013. 4. 10.
발 의 자 : 박인숙·정희수·이한성
　　　　　　김희국·전하진·정갑윤
　　　　　　안홍준·이낙연·권성동
　　　　　　길정우 의원(10인)

제안이유 및 주요내용

　현재 변호사, 공인회계사, 공인노무사 및 변리사 등의 전문직역의 경우 징계 또는 자격정지 처분을 그 사유가 발생한 날부터 3년이 지났을 경우에는 할 수 없도록 시효를 한정하고 있으나, 의료인의 경우 현행법에서 자격정지처분에 대한 시효규정이 없어 그 사유가 발생한 날부터 언제든지 행정기관이 행정처분을 부과할 수 있어 법적 형평성 및 안정성을 해칠 우려가 있음.

　2005년 국가인권위원회는 「부동산중개업법」에 업무정지처분의 시효를 두지 않는 것은 행정에 대한 신뢰의 이익과 법적 안정성을 위협하는 것으로, 직업선택의 자유를 침해하는 것이라고 판단하고 관련 법의 개정을 권고한 바 있음.

- 2 -

따라서 자격정지처분 사유가 발생한 날로부터 5년이 경과하면 자격정지처분을 할 수 없도록 제한함으로써 법적 형평성 및 안정성을 확보하려는 것임(안 제66조제6항 신설).

박인숙 의원 "선의의 비급여 보호해야"

의협신문 2017년 10월 31일

비급여 전면 급여화, 신의료기술·치료재료 개발 위축 우려

바른정당 박인숙 의원(보건복지위원회)이 비급여 전면 급여화로 대변되는 문재인 케어 추진으로 신의료기술과 치료재료 개발이 위축될 수 있다고 지적했다.

박 의원은 31일 보건복지위원회 보건복지부 종합감사에서 선의의 비급여를 인정해 신의료기술과 치료재료 개발 환경을 유지해야 한다고 주장했다.

박 의원은 "비급여를 전면 급여화하겠다는 문 케어가 추진되면 신의료기술에 대한 접근이 어려워질 수 있다"면서 "지금도 신의료기술 개발 속도를 허가 속도가 따라가지 못하고 있는데, 비급여를 전면 급여화하면 신의료기술 환경이 더욱 위축될 것이고, 그 결과 의료의 질이 떨어지고 결국 환자 선택권을 제한하는 부작용이 나타날 것"이라고 지적했다.

특히 "의료기관에서 불필요한 비급여를 시행하는 것은 막아야 하겠지만, 인공심장이나 스텐트 같은 선의의 비급여는 보호해야 한다"면서 "신의료기술 발전으로 개발된, 합병증과 부작용이 거의 없는 신의료기술을 비급여에 대해서는 융통성을 발휘할 필요가 있다"고 강조했다.

이에 대해 박능후 보건복지부 장관은 "비급여를 전량 급여화하는 것이 아니고 의학적으로 필요한 비급여를 급여화하겠다는 것"이라며 "보장성을 70%까지 확대하는 것이 목표이기 때문에 나머지 30%의 비급여는 여전히 남게 된다. 비급여 급여화를 통해 신의료기술 개발이 위축되지 않도록 유념하겠다"고 답했다.

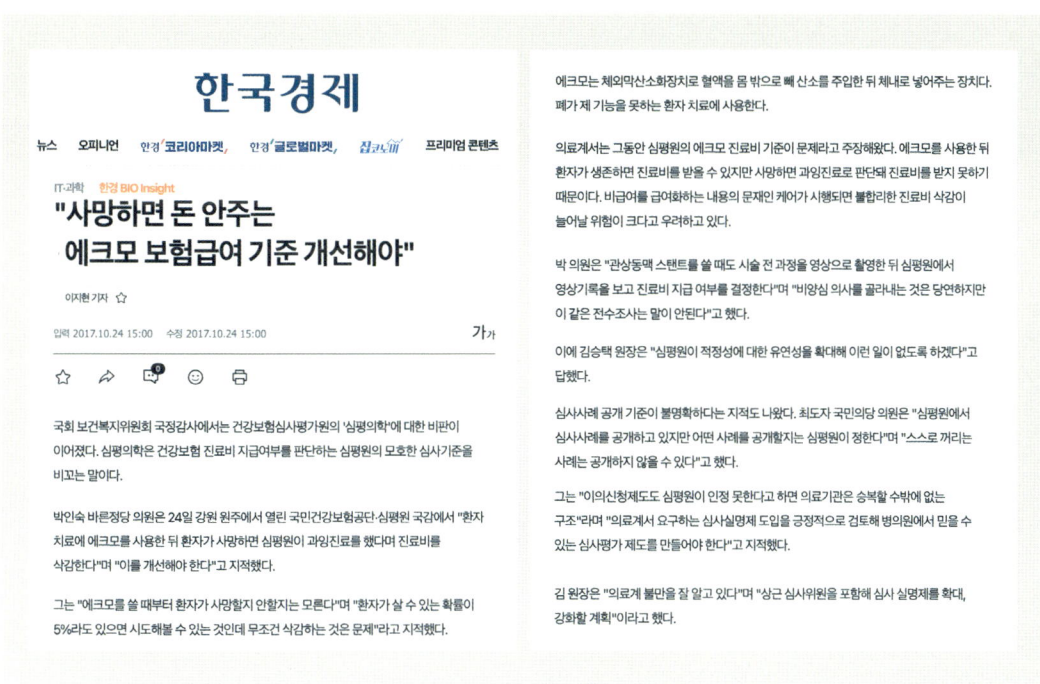

"사망하면 돈 안주는 에크모 보험급여 기준 개선해야"
한국경제 2017년 10월 24일

국회 보건복지위원회 국정감사에서는 건강보험심사평가원의 '심평의학'에 대한 비판이 이어졌다. 심평의학은 건강보험 진료비 지급여부를 판단하는 심평원의 모호한 심사기준을 비꼬는 말이다.

박인숙 바른정당 의원은 24일 강원 원주에서 열린 국민건강보험공단·심평원 국감에서 "환자 치료에 에크모를 사용한 뒤 환자가 사망하면 심평원이 과잉진료를 했다며 진료비를 삭감한다"며 "이를 개선해야 한다"고 지적했다.

그는 "에크모를 쓸 때부터 환자가 사망할지 안할지는 모른다"며 "환자가 살 수 있는 확률이 5%라도 있으면 시도해볼 수 있는 것인데 무조건 삭감하는 것은 문제"라고 지적했다.

에크모는 체외막산소화장치로 혈액을 몸 밖으로 빼 산소를 주입한 뒤 체내로 넣어주는 장치다. 폐가 제 기능을 못하는 환자 치료에 사용한다.

의료계서는 그동안 심평원의 에크모 진료비 기준이 문제라고 주장해왔다. 에크모를 사용한 뒤 환자가 생존하면 진료비를 받을 수 있지만 사망하면 과잉진료로 판단돼 진료비를 받지 못하기 때문이다. 비급여를 급여화하는 내용의 문재인 케어가 시행되면 불합리한 진료비 삭감이 늘어날 위험이 크다고 우려하고 있다.

박 의원은 "관상동맥 스탠트를 쓸 때도 시술 전 과정을 영상으로 촬영한 뒤 심평원에서 영상 기록을 보고 진료비 지급 여부를 결정한다"며 "비양심 의사를 골라내는 것은 당연하지만 이같은 전수조사는 말이 안된다"고 했다.

이에 김승택 원장은 "심평원이 적정성에 대한 유연성을 확대해 이런 일이 없도록 하겠다"고 답했다.

심사사례 공개 기준이 불명확하다는 지적도 나왔다. 최도자 국민의당 의원은 "심평원에서 심사사례를 공개하고 있지만 어떤 사례를 공개할지는 심평원이 정한다"며 "스스로 꺼리는 사례는 공개하지 않을 수 있다"고 했다.

그는 "이의신청제도도 심평원이 인정 못한다고 하면 의료기관은 승복할 수밖에 없는 구조"라며 "의료계서 요구하는 심사실명제 도입을 긍정적으로 검토해 병의원에서 믿을 수 있는 심사평가 제도를 만들어야 한다"고 지적했다.

김 원장은 "의료계 불만을 잘 알고 있다"며 "상근 심사위원을 포함해 심사 실명제를 확대, 강화할 계획"이라고 했다.

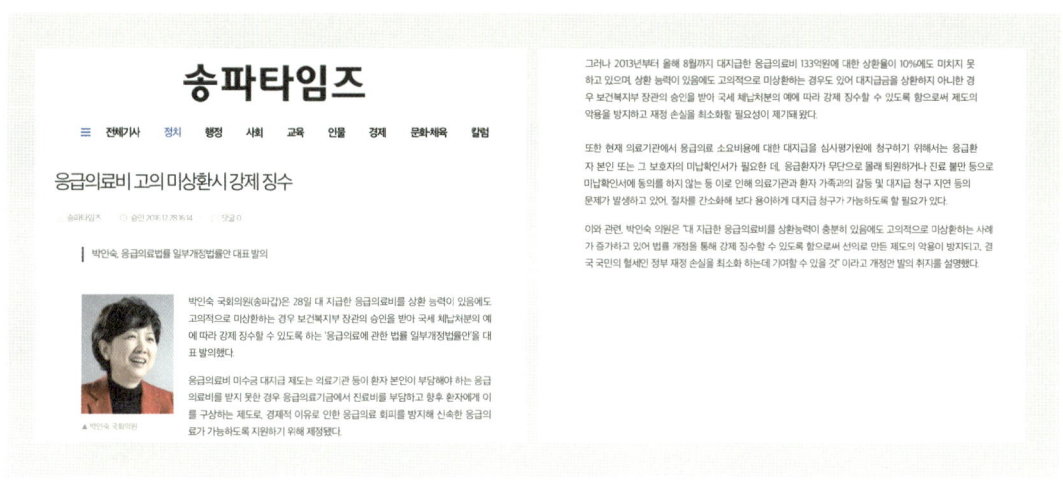

응급의료비 고의 미상환시 강제 징수

송파타임즈 2016년 12월 28일

박인숙, 응급의료법률 일부개정법률안 대표 발의

박인숙 국회의원(송파갑)은 28일 대 지급한 응급의료비를 상환 능력이 있음에도 고의적으로 미상환하는 경우 보건복지부 장관의 승인을 받아 국세 체납처분의 예에 따라 강제 징수할 수 있도록 하는 '응급의료에 관한 법률 일부개정법률안'을 대표 발의했다.

응급의료비 미수금 대지급 제도는 의료기관 등이 환자 본인이 부담해야 하는 응급의료비를 받지 못한 경우 응급의료기금에서 진료비를 부담하고 향후 환자에게 이를 구상하는 제도로, 경제적 이유로 인한 응급의료 회피를 방지해 신속한 응급의료가 가능하도록 지원하기 위해 제정됐다.

그러나 2013년부터 올해 8월까지 대지급한 응급의료비 133억원에 대한 상환율이 10%에도 미치지 못하고 있으며, 상환 능력이 있음에도 고의적으로 미상환하는 경우도 있어 대지급금을 상환하지 아니한 경우 보건복지부 장관의 승인을 받아 국세 체납처분의 예에 따라 강제 징수할 수 있도록 함으로써 제도의 악용을 방지하고 재정 손실을 최소화할 필요성이 제기돼 왔다.

또한 현재 의료기관에서 응급의료 소요비용에 대한 대지급을 심사평가원에 청구하기 위해서는 응급환자 본인 또는 그 보호자의 미납확인서가 필요한 데, 응급환자가 무단으로 몰래 퇴원하거나 진료 불만 등으로 미납확인서에 동의를 하지 않는 등 이로 인해 의료기관과 환자 가족과의 갈등 및 대지급 청구 지연 등의 문제가 발생하고 있어, 절차를 간소화해 보다 용이하게 대지급 청구가 가능하도록 할 필요가 있다.

이와 관련, 박인숙 의원은 "대 지급한 응급의료비를 상환능력이 충분히 있음에도 고의적으로 미상환하는 사례가 증가하고 있어 법률 개정을 통해 강제 징수할 수 있도록 함으로써 선의로 만든 제도의 악용이 방지되고, 결국 국민의 혈세인 정부 재정 손실을 최소화 하는데 기여할 수 있을 것" 이라고 개정안 발의 취지를 설명했다.

응급의료비 미수금 강제징수법

응급의료에 관한 법률 일부개정법률안
(박인숙의원 대표발의)

의 안 번 호	4653

발의연월일 : 2016. 12. 28.
발 의 자 : 박인숙·정병국·신상진
이명수·김성원·김석기
김세연·배덕광·이군현
주호영 의원(10인)

제안이유 및 주요내용

응급의료비 미수금 대지급 제도는 의료기관 등이 환자 본인이 부담해야 하는 응급의료비를 받지 못한 경우 응급의료기금에서 진료비를 부담하고 향후 환자에게 이를 구상하는 제도로, 경제적 이유로 인한 응급의료 회피를 방지하여 신속한 응급의료가 가능하도록 지원하기 위한 것임.

그러나, 2013년 이후 지난 8월까지 대지급한 응급의료비 약 133억원의 상환율이 10%에도 미치지 못하고 있으며, 상환 능력이 있음에도 고의적으로 미상환하는 경우도 있는 등 악용되는 사례가 있는 바, 대지급금을 상환하지 아니한 경우 국세체납처분의 예에 따라 강제징수할 수 있도록 하여 제도의 악용을 방지하고 재정손실을 최소화할 필요가 있음.

또한, 현재 의료기관에서 응급의료 소요 비용에 대한 대지급을 청구하기 위해서는 응급환자 본인 또는 그 보호자의 미납확인서가 필요한데, 이로 인하여 환자가족과의 갈등 및 대지급 청구 지연 등의 문제가 발생하고 있으므로, 절차를 간소화하여 보다 용이하게 대지급 청구가 가능하도록 하려는 것임(안 제22조제2항 및 제6항 신설 등).

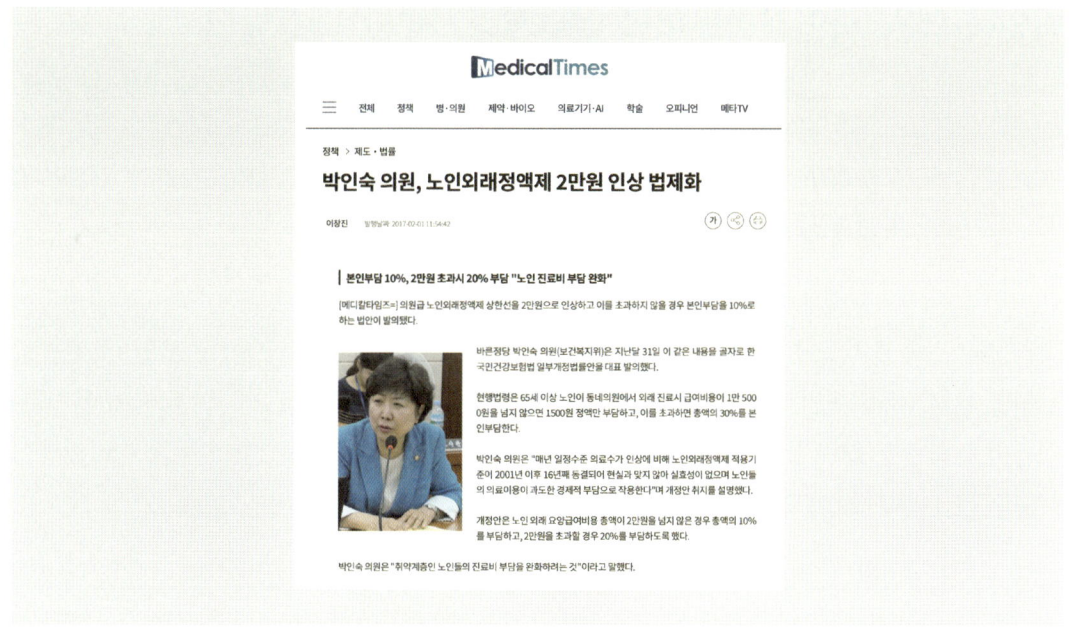

박인숙 의원, 노인외래정액제 2만원 인상 법제화

메디컬타임즈 2017년 2월 1일

본인부담 10%, 2만원 초과시 20% 부담 "노인 진료비 부담 완화"

바른정당 박인숙 의원(보건복지위)은 지난달 31일 이 같은 내용을 골자로 한 국민건강보험법 일부개정법률안을 대표 발의했다.

현행법령은 65세 이상 노인이 동네의원에서 외래 진료시 급여비용이 1만 5000원을 넘지 않으면 1500원 정액만 부담하고, 이를 초과하면 총액의 30%를 본인부담한다.

박인숙 의원은 "매년 일정수준 의료수가 인상에 비해 노인외래정액제 적용기준이 2001년 이후 16년째 동결되어 현실과 맞지 않아 실효성이 없으며 노인들의 의료이용이 과도한 경제적 부담으로 작용한다"며 개정안 취지를 설명했다.

개정안은 노인 외래 요양급여비용 총액이 2만원을 넘지 않은 경우 총액의 10%를 부담하고, 2만원을 초과할 경우 20%를 부담하도록 했다.

박인숙 의원은 "취약계층인 노인들의 진료비 부담을 완화하려는 것"이라고 말했다.

박인숙 의원 '국민건강보험법 일부개정법률안' 대표발의

보도자료 2017년 1월 31일

건강보험 노인정액제 1만5천원이하 1500원 정액부담에서 2만원이하 총액 10% 부담으로 노인 본인부담금 완화

바른정당 소속 송파갑 박인숙 국회의원(국회보건복지위원/여성가족위원)은 31일 '국민건강보험법 일부개정법률안'을 대표발의 하였다. 일명 '노인정액제법'이라고 하는 이 법안은 대통령령이 정하는 연령의 건강보험 가입자 및 피부양자가 의원, 치과의원, 한의원 등에서 외래진료를 받는 경우 본인 일부부담금 부담을 완화하는 내용을 담고 있다.

현행 법령은 65세 이상 노인이 동네의원, 치과의원, 한의원 등에서 외래진료시 요양급여비용 총액이 1만5천원을 넘지 않으면 1,500원의 정액만 부담하면 되나, 1만5천원 초과분부터 요양급여비용 총액의 30%를 부담하도록 하고 있다.

그러나 매년 일정수준 인상되는 의료수가에 비해 65세 이상 노인외래진료 본임부담 정액제 적용기준은 2001년 이후 16년째 동결되어 있어 현실과 맞지 않아 실효성이 없으며, 이로 인하여 노인들에게는 의료 이용이 과도한 경제적 부담으로 작용되게 되어 노인의 건강권을 침해하는 결과를 초래하고 있다.

이에 현행법령에 대통령령으로 정하는 일정 연령 이상의 건강보험 가입자 및 피부양자가 의원, 치과의원, 한의원 등에서 외래진료를 받는 경우의 본인 일부부담금을 요양급여비용 총액이 2만원을 넘지 않는 경우 급여비용 총액의 10%를 부담하고, 2만원 초과시 총액의 20%를 부담하도록 함으로써 의료 취약계층인 노인들의 진료비 부담을 완화하려는 것이다.

외래 진료비 본인부담제도 현행 및 변경안

구분	현행	변경(안)
65세 이상	15,000원 이하 : 1,500원 15,000원 이상 : 요양 급여비용 총액의 30%	20,000원 이하 : 요양 급여비용 총액의 10% 20,000원 초과 : 요양 급여비용 총액의 20%

박인숙 의원은 "현재 65세 이상 인구가 전체 인구의 13.2%를 차지하는 656만 9천명으로 2005년에 비해 약 220만명이 증가한 규모인데 빠르게 고령화 사회로 진입하고 있는 현시점에서 법 개정을 통해 특별한 소득원이 없는 어르신들의 경제적 부담을 완화시켜 드리고, 만성질환 등으로 고통에 시달리고 계신 노인들에게 미약하지만 도움이 되었으면 한다"고 밝히고 앞으로 100세 시대와 고령화 사회의 경제적, 사회적 위협에 대비하기 위한 노인복지와 보건의료문제의 현실적인 해결책 마련을 위해 최선을 다하겠다"고 밝혔다.

한편 이번 법안 발의에는 총 11명의 여야 의원들이 참여하고 있는데 대표발의자인 박인숙 의원을 비롯하여 유승민, 황주홍, 여상규, 서영교, 장제원, 강길부, 윤종필, 이명수, 김성원, 노웅래 의원의 공동발의에 참여하였다.

노인외래정액제 인상 법안

국민건강보험법 일부개정법률안
(박인숙의원 대표발의)

의 안 번 호	6087

발의연월일 : 2017. 3. 9.
발 의 자 : 박인숙·황주홍·서영교
조배숙·송희경·유승민
이진복·남인순·김성원
이명수 의원(10인)

제안이유 및 주요내용

현행 법령은 65세 이상 노인이 처방전에 따라 의약품을 조제받는 경우 요양급여비용 총액이 10,000원을 넘지 않으면 1,200원의 정액만 부담하면 되나, 10,000원 초과 시에는 요양급여비용 총액의 30%를 부담하도록 하고 있음.

그러나 매년 일정 수준 인상되는 물가와 조제수가에 비해 65세 이상 노인 처방조제 본인부담 정액제 적용 기준은 2001년 이후 16년째 동결되어 있어 현실과 맞지 않아 실효성이 없으며, 이로 인하여 노인들에게는 약국 조제·투약이 과도한 경제적 부담으로 작용하게 되어 노인의 건강권을 침해하는 결과를 초래하고 있음.

특히 65세 이상 노인 외래진료의 다빈도 상병이 고혈압, 당뇨 등 만성질환에 의한 것이고, 이와 같은 만성질환자의 경우 지속적인 의약품 복용으로 질병관리 및 예방이 중요한 만큼 노인환자의 의약품 처방조제에 대한 부담을 완화해나갈 필요가 있음.

이에 현행법에 대통령령으로 정하는 일정 연령 이상의 건강보험 가입자 및 피부양자가 약국 또는 희귀의약품센터에서 처방전에 따라 의약품을 조제받는 경우 본인 일부부담금을 요양급여비용 총액이 15,000원을 넘지 않는 경우 요양 급여비용 총액의 10%를 부담하고, 15,000원 초과 시 20%를 부담하도록 함으로써 의료 취약계층인 노인들의 약국 진료비 부담을 완화하려는 것임(안 제44조제2항).

병,의원 단전 단수 금지법

2017년 8월 4일

큰 상가 건물에서 일부 입주자(주점, 사우나 등)가 전기, 수도요금 등을 장기간 납부 안한 경우에 선별적으로 단전 단수가 아닌, 그동안 납부를 제대로 한 다른 입주자들 까지 포함해서 전체 건물에 한전과 관련 기관에서 단전 단수를 하려고 하는 것에 대한 문제점에 대한 민원들이 있습니다. 특히 병의원의 경우에 진료 자체가 안되니, 최소한의 진료권은 보장해 달라는 의미입니다.

건물 대부분이 고압으로 들어오기 때문에 한전은 건물 관리단과 하나만 계약하고, 관리단이 각 입점 없체에 관리비를 받아서 대신 정산하는데 ...

관리비 상습 체납이면 방법이 없다보니 내부적인 다툼으로 이어집니다.

관리단에서 직접 상습체납 업체에 대해 개별적으로 단전단수 조치하면, 영업 방해 등으로 민형사 소송을 걸게 됩니다.

그래서 상가도 한전에서 직접 개별적으로 단전하던지, 아니면 최소한 병의원은 단전단수 금지해서 최소한의 진료권은 보장해 주었으면 합니다.

병,의원 단전 단수 금지법

의료법 일부개정법률안
(박인숙의원 대표발의)

의안번호: 4292

발의연월일 : 2016. 12. 9.
발 의 자 : 박인숙·신상진·이태규
이현재·황주홍·이명수
박명재·정우택·김성원
김석기·김세연 의원
(11인)

제안이유 및 주요내용

 상가 등에 입주해 있는 의료기관에서 임대차와 관련하여 분쟁이 발생하는 경우 건물주 등이 무단으로 단전·단수 조치를 취하여 의료행위를 방해함으로써 의료기관의 진료를 방해하고, 그로 인하여 환자에 대하여 예기치 않은 피해가 초래되는 경우가 발생하고 있음.

 이에 정당한 사유 없이 의료기관을 점거하거나 전기·수도의 공급을 차단하여 진료를 방해하거나, 이를 교사 또는 방조하는 행위를 금지하고 이를 위반하는 경우 처벌할 수 있도록 정하여 의료기관의 진료권을 보장하고, 국민의 건강을 보호하려는 것임(안 제12조제2항).

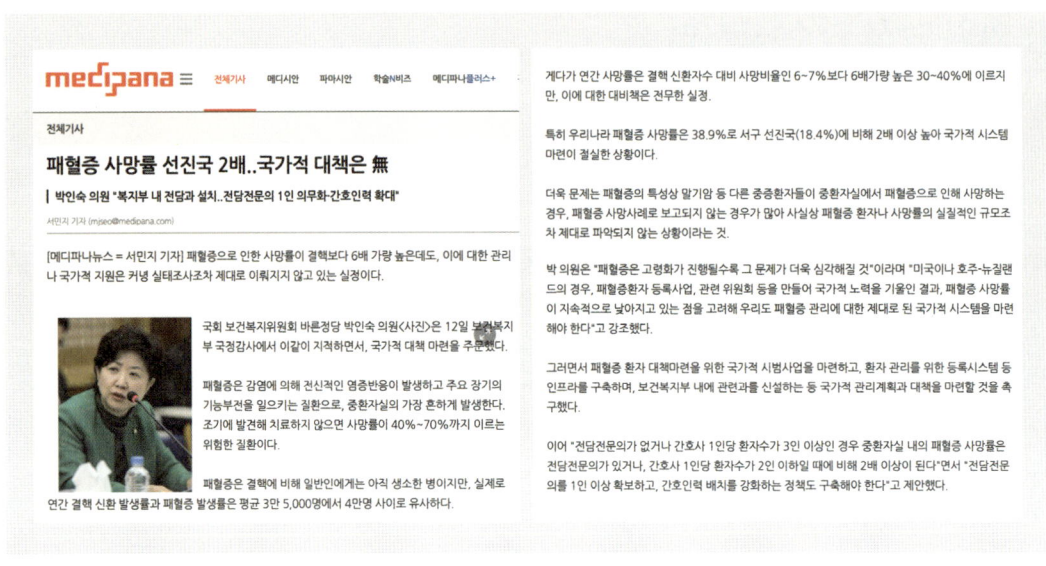

패혈증 사망률 선진국 2배..국가적 대책은 無   메디파나 2017년 10월 12일

박인숙 의원 "복지부 내 전담과 설치..전담전문의 1인 의무화·간호인력 확대"

[메디파나뉴스 = 서민지 기자] 패혈증으로 인한 사망률이 결핵보다 6배 가량 높은데도, 이에 대한 관리나 국가적 지원은 커녕 실태조사조차 제대로 이뤄지지 않고 있는 실정이다.

국회 보건복지위원회 바른정당 박인숙 의원<사진>은 12일 보건복지부 국정감사에서 이같이 지적하면서, 국가적 대책 마련을 주문했다.

패혈증은 감염에 의해 전신적인 염증반응이 발생하고 주요 장기의 기능부전을 일으키는 질환으로, 중환자실의 가장 흔하게 발생한다. 조기에 발견해 치료하지 않으면 사망률이 40%~70%까지 이르는 위험한 질환이다.

패혈증은 결핵에 비해 일반인에게는 아직 생소한 병이지만, 실제로 연간 결핵 신환 발생률과 패혈증 발생률은 평균 3만 5,000명에서 4만명 사이로 유사하다.

게다가 연간 사망률은 결핵 신환자수 대비 사망비율인 6~7%보다 6배가량 높은 30~40%에 이르지만, 이에 대한 대비책은 전무한 실정.

특히 우리나라 패혈증 사망률은 38.9%로 서구 선진국(18.4%)에 비해 2배 이상 높아 국가적 시스템 마련이 절실한 상황이다.

더욱 문제는 패혈증의 특성상 말기암 등 다른 중증환자들이 중환자실에서 패혈증으로 인해 사망하는 경우, 패혈증 사망사례로 보고되지 않는 경우가 많아 사실상 패혈증 환자나 사망률의 실질적인 규모조차 제대로 파악되지 않는 상황이라는 것.

박 의원은 "패혈증은 고령화가 진행될수록 그 문제가 더욱 심각해질 것"이라며 "미국이나 호주-뉴질랜드의 경우, 패혈증환자 등록사업, 관련 위원회 등을 만들어 국가적 노력을 기울인 결과, 패혈증 사망률이 지속적으로 낮아지고 있는 점을 고려해 우리도 패혈증 관리에 대한 제대로 된 국가적 시스템을 마련해야 한다"고 강조했다.

그러면서 패혈증 환자 대책마련을 위한 국가적 시범사업을 마련하고, 환자 관리를 위한 등록시스템 등 인프라를 구축하며, 보건복지부 내에 관련과를 신설하는 등 국가적 관리계획과 대책을 마련할 것을 촉구했다.

이어 "전담전문의가 없거나 간호사 1인당 환자수가 3인 이상인 경우 중환자실 내의 패혈증 사망률은 전담전문의가 있거나, 간호사 1인당 환자수가 2인 이하일 때에 비해 2배 이상이 된다"면서 "전담전문의를 1인 이상 확보하고, 간호인력 배치를 강화하는 정책도 구축해야 한다"고 제안했다.

패혈증관리에 관한 법률안

패혈증관리에 관한 법률안
(박인숙의원 대표발의)

의 안 번 호	13067

발의연월일 : 2018. 4. 16.
발 의 자 : 박인숙・경대수・김성원
　　　　　이명수・정양석・김석기
　　　　　정태옥・송희경・이군현
　　　　　권석창・박주민・김명연
　　　　　의원(12인)

제안이유

패혈증은 혈액이 바이러스 등에 의한 감염에 의하여 주요 장기의 기능부전 또는 전신적인 염증반응을 일으키는 증후군으로 국내 패혈증 환자의 사망률은 30% 후반대로 서구 선진국에 비하여 2배 이상 높은 수준임.

특히 패혈증으로 인한 18세 이상 60세 이하 사망자가 연간 2,700여 명에 이르고 있으며, 치료 시 중환자실과 전담인력 등이 필요하여 고가의 비용이 발생하는 등 패혈증으로 인한 인구 및 사회경제적 손실이 심각한 수준임.

그러나 패혈증 또한 초기에 발견하고 치료하는 경우에는 사망률과 그 치료비용을 대폭 낮출 수 있어 국가적 차원에서 이를 관리할 정책적 필요성이 있음.

이에 패혈증을 체계적으로 관리할 수 있는 법적 근거를 마련함으로써 패혈증으로 인한 국민 개인의 고통과 피해 및 사회부담을 줄이고 국민건강증진에 이바지하려는 것임.

주요내용

가. 이 법은 국가가 패혈증의 예방, 관리 및 연구 등에 관한 정책을 종합적으로 수립·시행함으로써 패혈증으로 인한 개인적 고통과 피해 및 사회적 부담을 줄이고 국민건강증진에 이바지함을 목적으로 함(안 제1조).

나. 보건복지부장관은 패혈증관리종합계획을 5년마다 수립하도록 함(안 제4조).

다. 보건복지부장관은 패혈증의 진단, 치료 기술의 발전을 위한 연구·개발 사업을 시행하도록 함(안 제5조).

라. 보건복지부장관은 패혈증 발생 위험 요인과 패혈증의 발생, 진료에 관한 자료를 지속적이고 체계적으로 수집·분석하는 등 패혈증에 대한 조사·통계사업을 시행하도록 함(안 제6조).

마. 보건복지부장관, 시·도지사 등은 패혈증의 예방을 위하여 패혈증관리에 필요한 내용을 국민에게 제공하고, 관련 전문 인력의 교육 및 양성 등의 사업을 실시하도록 함(안 제7조).

바. 보건복지부장관은 패혈증관리를 효율적으로 수행하기 위하여 패혈증치료센터를 지정할 수 있도록 함(안 제9조).

박인숙 의원, 희소·대체불가 치료재료 안정적인 공급 법안 발의

메디게이트 2018년 5월 18일

'치료재료 안정공급협의회' 포함한 국민건강보험법 개정안
"불필요한 규제와 저수가 함께 개선해야"

[메디게이트뉴스 황재희 기자] 국회 보건복지위원회 박인숙 의원(자유한국당)이 희소·대체불가한 치료재료의 안정적인 공급이 가능하도록 하는 국민건강보험법 일부개정법률안을 17일 대표 발의했다.

박 의원은 "지난해 소아용 인조혈관 업체의 국내시장 철수로 소아심장 수술이 중단위기에 처했다는 소식이 있었다"며 "진료 등 의료행위에 차질이 우려되는 희소·대체불가한 치료재료에 대해 안정적 공급을 위해서는 정부의 체계적인 관리시스템이 마련될 필요가 있다"고 밝혔다.

박 의원이 발의한 개정안은 보건복지부장관이 희소·대체불가 치료재에 대한 정보의 수집·조사·이용·제공과 공급에 대한 업무를 수행하기 위한 전문기관을 지정하고, 공급 차질로 진료상 차질이 우려되는 희소·대체불가 치료재료로 신청하는 '치료재료 안정공급협의회'에서 대상 여부를 평가하는 등의 내용을 담고 있다.

박 의원은 "희소·대체불가 치료재료의 공급 차질로 의료의 공백이 발생해서는 안된다"며 "정부는 어떤 치료재료들이 공급차질에 우려가 있는지 사전에 확인하고, 안정적인 공급을 할 수 있도록 해야 한다"고 말했다.

또한 박 의원은 "희소·대체불가 치료재료 안정적 공급을 위해서는 불필요한 규제와 저수가 체계 역시 함께 개선이 필요하다"고 강조했다.

희소, 대체 불가 치료재료 안정적인 공급 법안

국민건강보험법 일부개정법률안
(박인숙의원 대표발의)

의 안 번 호: 13626

발의연월일 : 2018. 5. 17.
발 의 자 : 박인숙·경대수·김세연
김성원·박주민·유동수
송희경·이명수·이종배
김무성 의원(10인)

제안이유 및 주요내용

최근 소아용 인조혈관 업체 국내시장 철수 등으로 대체 치료재료가 없어 환자의 생명과 안전에 직결되는 희소·대체불가 치료재료에 대한 국가차원의 대응체계 정비와 안정적인 공급이 매우 중요한 문제로 대두됨.

그러나, 현재 우리나라 치료재료의 생산과 공급은 전적으로 민간과 시장에 맡겨져 있어 환자에게 필수적인 치료재료가 시장상황이나 국제적 환경에 따라 공급이 중단되거나 거부되는 상황도 발생하고 있음.

이에 희소·대체불가 치료재료의 공급중단과 거부와 같은 위기상황이 발생하지 않도록 보건복지부장관에게 희소·대체불가 치료재료 관리업무를 부가하여 국민의 생명권을 보장하려는 것임(안 제114조의2 신설).

감염병 예방 및 관리에 관한 법률

감염병의 예방 및 관리에 관한 법률 일부개정법률안
(박인숙의원 대표발의)

의 안 번 호	15637

발의연월일 : 2015. 6. 18.
발 의 자 : 박인숙·황주홍·김태환
유의동·이종진·정수성
주영순·하태경·이명수
주호영·김명연·이자스민
홍문표 의원(13인)

제안이유

최근 문제된 메르스 코로나바이러스(MERS-CoV) 사태는, 감염병 감염 위험이 있는 의료기관 및 감염병환자·감염병의사환자에 관한 정보의 공유 미비로 인한 2차·3차 감염의 문제, 감염병병원체 오염 우려가 있는 의료시설 이용 등 제반 문제점이 나타남.

또한, 감염병에 대한 효과적인 대처를 위해서는 공기감염을 예방하는 음압시설과 환기시스템 등을 갖춘 병상이 확보될 필요가 있으나, 관련 시설을 갖춘 의료기관이 현재 전국 17개 병원, 약 100여 병상에 불과하여 이에 대한 대책 마련이 필요한 상황임.

이에 감염병 발생에 보다 신속하게 대처할 수 있도록 보건복지부장관이 의료기관 명단 공개 및 의료업 일시 정지를 명할 수 있도록 하고, 감염병관리시설 내의 시설 설치 등의 규정을 강화하는 등 감염병 관리체계를 정비하는 한편, 국가의 행정처분으로 인하여 손실을 입은 의료기관에 대한 손실보상 및 감염병환자·감염병의사환자 등에 대한 생계지원의 법적 근거를 마련하는 등 제반 문제점을 해소하려는 것임.

주요내용

가. 국가 및 지방자치단체의 책무에 감염병 발생 시 의료기관 간의 정보 공유에 관한 사항을 포함함(안 제4조제2항제14호 신설).

나. 감염병 예방 및 관계 계획에 관한 사항에 감염병환자와 감염병의사환자에 대한 의료기관 간 의료정보 공유에 관한 사항을 포함함(안 제7조제2항제5호 신설).

다. 역학조사의 내용에 감염병환자와 감염병의사환자에 관한 사항을 포함하고 그 결과를 의료기관과 공유하도록 함(안 제18조 개정).

라. 보건복지부장관은 감염병 확산을 차단하기 위하여 필요하다고 인정되는 경우 감염병병원체에 오염되었거나 오염된 것으로 의심되는 의료기관의 명단을 공개할 수 있도록 함(안 제35조의2 신설).

마. 감염병관리기관 중 300병상을 초과하는 규모의 종합병원 내 감염병관리시설에는 음압시설(陰壓施設)을 갖춘 병실을 보건복지부령으로 정하는 기준에 따라 설치하도록 함(안 제36조제2항 후단 신설).

바. 보건복지부장관 등은 진료 등으로 감염병병원체에 오염되었거나 오염되었다고 의심되는 의료기관 등에 대해서는 의료업의 일시 정지를 명할 수 있음(안 제42조제2항 신설).

사. 감염병환자 또는 감염병의사환자의 격리에 따른 사용자에 대한

감염병 예방 및 관리에 관한 법률

감염병의 예방 및 관리에 관한 법률 일부개정법률안
(박인숙의원 대표발의)

의 안 번 호	6622

발의연월일 : 2017. 4. 5.
발 의 자 : 박인숙·유승민·정성호
　　　　　이태규·나경원·김성원
　　　　　김성태·이명수·이종구
　　　　　김석기·김용태·이군현
　　　　　의원(12인)

제안이유

　최근 국가 간 이동의 증가, 해외유입 감염병의 증대, 기후변화 등의 영향으로 신종인플루엔자, 지카바이러스, 콜레라 등 다양한 감염병이 국민건강을 위협하고 있음. 특히 2015년 중동호흡기증후군(MERS) 사태를 통해 감염병 대응체계에 대한 전반적인 재검토 및 재정비 필요성을 절감한 바 있음.

　이와 관련하여 감염병 위기발생 시 보다 신속하고 정확한 대처가 가능하도록, 감염병 분류체계 개편, 긴급상황실 설치, 접촉자 격리시설 마련 등의 제도개편이 요구되고 있음.

　이에 현재 질환의 특성별 군(群)으로 분류되어 있는 감염병 분류체계를 심각도·전파력·격리수준을 중심으로 한 급(級)으로 전환하고, 질병관리본부 내 감염병 위기대응 컨트롤타워인 긴급상황실을 상시 설치하며, 시·도지사에게 감염병 환자 등의 접촉자를 격리하기 위한 시설 지정을 의무화하여 감염병 발생 시 조기확산 차단 및 촘촘한 관리체계를 마련하고자 함.

주요내용

가. 군(群)에서 급(級)으로 감염병 분류체계를 개편함에 따른 관련규정 개정(안 제2조, 제11조, 제12조 및 제63조)

나. 감염병 위기발생 시 컨트롤타워 역할을 수행하는 긴급상황실 설치의 법적근거 마련(안 제8조의5 신설)

다. 감염병관리위원회 위원을 30명 이내의 구성으로 변경하고, 감염병관리위원회 위원장을 보건복지부 차관에서 질병관리본부장(차관급)으로 변경(안 제10조)

라. 정기예방접종을 필수예방접종으로 명칭 변경(안 제24조, 제27조제1항 및 제28조제1항)

마. 감염병환자등과 접촉한 자를 격리하기 위한 시·도별 격리시설 지정 제도 신설(안 제39조의3 신설)

바. 신종감염병의 국내 유입을 신속하게 차단하기 위한 의약품·진단기기 허가·신고 전 사용제도 신설(안 제40조의3 신설)

사. 감염병 분류체계 개편에 따른 감염병환자등 관리 규정 개정(안 제41조)

아. 감염병 분류체계 개편에 따른 감염병에 관한 강제처분 기준 개정(안 제42조)

자. 시·도 역학조사관 중 1인은 의사로 임명하도록 함(안 제60조의2).

감염병 예방 및 관리에 관한 법률

감염병의 예방 및 관리에 관한 법률 일부개정법률안
(박인숙의원 대표발의)

의 안 번 호	9181

발의연월일 : 2017. 9. 7.
발 의 자 : 박인숙·유승민·엄용수
　　　　　최경환(국)·이명수·김세연
　　　　　정양석·오신환·김철민
　　　　　김성원 의원(10인)

제안이유 및 주요내용

최근 일부 부모들 사이에서 백신접종이나 진료를 거부하고 자연치유 육아를 강조하는 이른바 '안아키'(약 안 쓰고 아이 키우기)가 유행하고 있고 그에 따른 질병 발생 등의 부작용이 보고되고 있음.

현재 정기예방접종 대상 질병의 경우 백신을 통하여 쉽게 예방할 수 있는데, 일부 안아키를 신봉하는 부모들이 예방접종을 거부하면서 해당 아동은 물론 어린이집 등에서 같이 생활하는 다른 아동의 건강까지 위협하고 있어 이에 대한 대책 마련이 필요하다는 의견이 대두되고 있음.

이에 지방자치단체의 장으로 하여금 예방접종을 받지 아니한 아동의 부모 등에게 예방접종을 받도록 통보하고, 정당한 사유 없이 아동의 예방접종을 거부하는 부모 등에 대하여 50만원 이하의 과태료를 부과하도록 함으로써 아동의 건강증진에 기여하려는 것임(안 제31조제3항 및 제4항).

청력보건법안

청력보건법안
(박인숙의원 대표발의)

의안번호	15900

발의연월일 : 2018. 10. 8.
발 의 자 : 박인숙·이은재·송언석
정진석·김현아·이주영
조훈현·윤종필·손혜원
김세연·이명수 의원
(11인)

제안이유

국민건강보험공단 발표에 따르면 난청질환으로 진료를 받은 인원은 2012년 27만 7천명에서 2017년 34만 9천명으로 연평균 4.8%씩 증가하고 있고, 20대 미만의 영유아, 어린이 및 청소년 난청 진료 1인당 진료비도 2012년 60만 3,715원이었던 것이 2017년에는 약 43% 늘어난 86만 2,420원으로 상승하였음.

난청질환을 치료하지 않고 방치할 경우 의사소통이나 학업·직업·사회생활 등을 하는 데 큰 제약이 따르게 되고, 특히 영유아, 어린이 및 청소년의 경우 인지능력과 두뇌 발달에 치명적인 결함을 초래할 수 있음. 또한 노인 난청은 타인과의 의사소통 장애로 인해 대인기피증이나 우울증을 유발할 수 있고, 치매 발생 위험이 고도 난청에서 약 5배 높은 것으로 보고됨.

우리나라는 2025년에 65세 이상 노인인구가 20%가 넘는 초고령 사

- 2 -

회가 될 것으로 예상되는데, 앞으로 노인의 난청 문제 해결을 위해 막대한 사회적 비용이 소요될 것임.

이러한 난청질환을 예방하기 위해서는 청력보건에 관한 교육과 청력검진을 통한 조기 발견 및 치료 등이 필수적이지만, 이에 대한 사회적 인식은 여전히 부족한 실정임.

이에 국가 및 지방자치단체가 국민의 청력건강 증진을 위하여 필요한 계획을 수립·시행하도록 하고, 학교 및 사업장에서의 청력보건사업, 노인·장애인 및 임산부·영유아를 대상으로 한 청력보건사업 등을 실시하도록 함으로써 국민의 난청질환을 예방하고 청력건강을 증진시키려는 것임.

주요내용

가. 보건복지부장관은 청력보건사업 기본계획을 수립하고, 시·도지사는 청력보건사업 세부계획을, 시장·군수·구청장은 청력보건사업 시행계획을 각각 수립·시행하도록 함(안 제6조 및 제7조).

나. 시장·군수·구청장은 시행계획의 시행 결과를 시·도지사에게 제출하고, 시·도지사는 시행계획의 시행 결과를 평가하며, 그 평가결과와 세부계획의 시행 결과를 보건복지부장관에게 제출하도록 함(안 제9조).

다. 학교의 장은 청력보건교육, 청력검진, 청력관리 지도 및 실천 등의 학교 청력보건사업을 실시하고, 이러한 사업을 시행하기 위하여 청

박인숙 의원, 환자안전 전담인력 '약사' 의무화

메디컬타임즈 2018년 5월 24일

관련법안 대표 발의 "처방과 투약 환자안전사고 감소 기대"

[메디칼타임즈=] 환자안전 전담인력에 약사를 포함하는 법안이 발의됐다.

자유한국당 박인숙 의원(서울 송파갑, 보건복지위)은 지난 23일 이 같은 내용을 골자로 한 환자안전법 일부개정 법률안을 대표 발의했다.

현행법상 환자안전 전담인력 자격조건을 대통령령에 위임해 의사와 치과의사, 한의사 또는 간호사로 한정하고 있다.

박인숙 의원은 "환자안전 전담인력 자격조건이 명문화되어 있지 않을 뿐 아니라 의약품 처방과 투약 전문가인 약사가 관련 업무에 종사할 수 없어 환자안전 사고 개선이 어려운 실정"이라고 개정안 취지를 설명했다.

개정안은 환자안전 전담인력 자격조건을 법률에 명문화하고, 국가환자안전관리위원회 위원 및 환자안전 전담인력에 약사를 포함하는 조항을 신설했다.

박인숙 의원은 "의료기관평가인증원에 자율보고 된 환자안전사고 약 29%가 의약품 처방 투약 오류에 기인한 것으로 조사됐다"면서 "상당수 질병이 외과적 수단 없이 의약품 투약을 통해 치유할 수 있다는 점을 고려하면 처방 투약 관련 환자안전사고를 감소시킴으로써 전체 사고 발생 가능성을 줄일 수 있을 것"이라고 말했다.

환자안전법

환자안전법 일부개정법률안
(박인숙의원 대표발의)

의 안 번 호: 13687

발의연월일: 2018. 5. 23.
발 의 자: 박인숙·김성원·최도자
김순례·전혜숙·이군현
이종구·유동수·김현아
정우택 의원(10인)

제안이유 및 주요내용

최근 의료기관평가인증원에 자율보고된 환자안전사고의 약 29%가 의약품 처방·투약 오류에 기인한 것으로 조사된 바 있음. 상당수 질병이 외과적 수단 없이 의약품 투약을 통해 치유될 수 있다는 점을 고려하면 의약품 처방·투약 관련 환자안전사고를 감소시킴으로써 전체 환자안전사고의 발생가능성을 줄일 수 있을 것으로 보임.

그런데, 현행법상 환자안전 전담인력의 자격조건을 대통령령에 위임하고 있으며, 대통령령에는 그 자격조건을 의사·치과의사·한의사 또는 간호사인 사람으로 한정하고 있음. 즉, 환자안전 전담인력의 자격조건이 법률에 명문화되어 있지 않을 뿐만 아니라 의약품 처방·투약의 전문가인 약사가 환자안전 관련 업무에 종사할 수 없어 관련 환자안전사고의 개선이 어려운 실정임.

이에, 환자안전 전담인력의 자격조건을 법률에 명문화하고, 국가환자안전위원회의 위원 및 환자안전 전담인력에 약사가 포함될 수 있도록 함으로써 의약품 처방·투약 오류가 원인인 환자안전사고의 예방 및 재발방지를 더욱 용이하게 하고자 함(안 제8조제3항제1호의2 신설 및 제12조제1항).

장기등 이식에 관한 법률 - 폐이식의 법적근거 마련

장기등 이식에 관한 법률 일부개정법률안
(박인숙의원 대표발의)

의 안 번 호	11824

발의연월일 : 2018. 2. 8.
발 의 자 : 박인숙·유승민·지상욱
하태경·김성원·김종회
권석창·여상규·심재철
김학용 의원(10인)

제안이유 및 주요내용

현행법령은 살아있는 사람으로부터 이식을 위해 적출할 수 있는 장기등의 범위를 신장, 간장, 골수, 췌장, 췌도 및 소장으로 한정하고 있어 생체 폐이식을 받기 위해서는 장기등이식대기자로 등록하고 이식대상자 선정기준에 따라 뇌사자의 폐를 이식받아야 함.

그런데 현재 국내에서 폐이식 대상자로 선정되기까지 상당한 기간이 소요되어 많은 환자가 대기 기간 중에 사망하는 사례가 발생하고 있는 실정인데 비해 미국이나 일본의 경우 폐부전 환자에 대한 생체 폐이식 수술이 성공적으로 이루어지고 있어 우리나라에서도 생체 폐이식을 위한 법적 근거를 마련해야 한다는 의견이 제기되고 있음.

한편 장기등의 적출 및 이식을 적정하게 관리하기 위해서는 장기등의 기증·적출 및 이식 등에 관한 체계적인 통계자료의 산출이 무엇보다 중요함에도 불구하고 현행법에는 이에 관한 명시적인 근거가 없는 상황임.

 이에 살아있는 사람으로부터 적출할 수 있는 장기등의 범위에 폐를 추가함으로써 말기 폐부전 환자가 합법적으로 생체 폐이식을 받을 있도록 하는 한편, 보건복지부장관이 장기등의 기증·적출 및 이식 등에 관한 통계를 작성·관리하도록 함으로써 보다 체계적인 통계자료의 산출이 가능하도록 하려는 것임(안 제11조제5항, 제30조의2 신설).

중환자 의료에 관한 법률안

중환자의료에 관한 법률안
(박인숙의원 대표발의)

의 안 번 호	16308

발의연월일 : 2018. 11. 2.
발 의 자 : 박인숙·김성원·송희경
　　　　　신상진·정태옥·유동수
　　　　　정진석·김현아·이종구
　　　　　윤종필 의원(10인)

제안이유

　중환자는 일반환자와 달리 관리를 소홀히 할 경우 생명에 치명적인 결과를 가져올 수 있지만, 집중적 관리와 적절한 치료가 이루어질 경우 그 상태가 회복될 수 있기 때문에 이들에게 최선의 중환자의료를 제공할 수 있는 여건을 마련하는 것은 국민의료 향상을 위한 필수적인 전제조건이라 할 것임.

　그런데 우리나라의 경우 법령상으로 중환자실의 시설과 운영에 관하여 최소한의 기준을 정하고 있을 뿐 중환자의료에 관한 국가 차원의 정책 수립, 중환자의료를 시행하는 의료기관에 대한 지원방안, 중환자에게 최선의 의료를 제공할 수 있는 환경의 조성 등 중환자의료의 실질적인 발전을 위한 제도적 기반은 크게 부족한 상황임.

　이에 국민들이 신속하고 적절한 중환자의료를 제공받을 수 있도록 하기 위한 법적 기반을 마련함으로써 중환자의 생명과 건강을 보호하고 국민의료를 적정하게 하려는 것임.

농어촌 등 보건의료를 위한 특별조치법 일부개정법률안

농어촌 등 보건의료를 위한 특별조치법 일부개정법률안
(박인숙의원 대표발의)

의 안 번 호	12062

발의연월일 : 2018. 2. 21.
발 의 자 : 박인숙·유승민·김세연
김성원·하태경·김종회
권석창·이명수·정양석
김용태 의원(10인)

제안이유 및 주요내용

현행법은 공중보건의사를 임기제 공무원으로 한다고 규정하고 있으며 공중보건의사의 복무에 관하여 일반적인 사항은 「국가공무원법」을 준용하도록 하는 등 공중보건의사를 공무원에 준하여 처우하고 있음.

그러나 도서지역의 보건지소나 응급의료기관 등에서 근무하는 일부 공중보건의사의 경우 응급환자 진료의 필요성 등 사유로 근무지역을 장기간 이탈하지 못하면서도 대체휴무나 별도 수당 등 초과근무에 대한 보상을 제대로 받지 못하는 경우가 있는 것으로 나타남.

이러한 열악한 처우는 결국 공중보건의사가 의료취약지 주민에게 제공하는 보건의료 서비스의 질 저하로 이어지므로, 공중보건의사의 권익 향상을 위한 방안을 마련할 필요가 있다는 지적이 있음.

이에 보건복지부장관, 시·도지사 또는 시장·군수·구청장은 근무지역 이탈 금지 명령을 하는 경우 공중보건의사의 근무여건을 적정 수준으

- 2 -

로 보장하도록 하고, 공중보건의사의 복리 증진과 상호교류를 위한 공중보건의사협의회의 법적 근거를 마련하려는 것임(안 제8조제5항, 제12조의2 신설).

박인숙 대표 발의 '풍납토성특별법', 20대 국회 통과

송파타임즈 2020년 5월 20일

풍납토성 보존 관리-재산권 보장 등 주민 지원 법적 근거 마련

박인숙 국회의원(미래통합당·송파갑)이 대표 발의한 '풍납토성 보존 및 관리에 관한 특별법'(풍납토성특별법)이 20대 국회 마지막 본회의가 열린 20일 통과됐다.

송파구의 최대 현안인 풍납토성 문제 해결을 위해 발의된 풍납토성특별법이 제정됨으로써 풍납토성의 체계적인 보존·관리, 주민재산권 보장 등 주민 지원에 필요한 법적 근거를 마련하게 됐다.

박인숙 의원은 지난 2012년(19대 총선)과 16년(20대 총선) 송파갑에서 연거푸 당선된 후 8년 동안 문화재 보전이라는 명목으로 수십 년간 재산권 피해를 받고 있는 풍납동 주민들에게 보상할 방안을 찾기 위해 각고의 노력을 기울였다.

박 의원은 2013년 풍납토성을 고도로 지정해 주민들이 지원을 받을 수 있도록 하는 내용의 '고도 보존 및 육성에 관한 특별법'을 대표 발의했으나, 백제 초기 왕성으로 추정되나 확실치 않는 풍납토성을 고도(古都)로 지정하는 것에 대한 정부의 반대로 심도 있는 논의가 이뤄지지 않았다.

박 의원은 이어 2015년 문화재청이 발표한 '풍납토성 보존관리 및 활용 기본계획'을 반대하면서 주민들이 수 십 년간 희망을 품고 추진해 왔던 해결방안 중 하나인 '풍납동 2+5권역의 결합 개발'을 무산시킨 서울시에 강력히 항의하기 위해 시청 앞에서 1인 시위도 마다하지 않았다.

박 의원은 국정감사와 상임위 회의는 물론 국회 본회의 대정부질문에서도 국무총리와 정부 부처에 풍납동 주민들의 안타까운 현실을 알리고 대책 마련을 촉구하는 질의도 여러 차례 진행했고, 여러 차례의 국회 토론회 개최와 6권의 자료집도 발간했다.

박 의원의 광폭 횡보로 풍납토성 보상 지원금 예산이 획기적으로 늘어, 지난 8년간 확보한 예산이 총 5282억원에 이르는 것으로 알려졌다.

박인숙 의원은 특히 지난 2017년 '풍납토성 보존 및 관리에 관한 특별법안'을 대표 발의한 이후 문화재청과 서울시, 송파구 등과 수 십 차례의 실무협의를 통해 법안 마련의 당위성을 설명했다.

박 의원이 발의한 풍납토성 특별법은 지난 5월7일 해당 위원회인 국회 문화체육관광위원회에서 통과된 뒤 20일 국회 법제사법위원회 심의를 거쳐 본회의에서 최종 통과됐다.

박인숙 의원은 "지역 민원 중 가장 난제인 '풍납토성 특별법안'이 오늘 본회의를 통과해 매우 기쁘다. 아직 보완되어야 할 부분이 많지만 이 특별법이 풍납주민들의 숙원사업을 해결하는 초석이 될 것"이라며 "8년간의 의정활동을 뜻깊게 마무리할 수 있어 매우 영광스럽다"고 말했다.

한편 20대 국회 마지막 본회의가 열린 이날 박인숙 의원이 발의한 '풍납토성특별법'과 함께 문화재 돌봄사업의 법적 근거를 마련하는 '문화재보호법 일부개정법률안', 경륜·경정 선수의 복지 향상을 위한 '경륜·경정법 일부개정법률안'이 함께 통과됐다.

풍납토성 보존 및 주민 지원에 관한 특별법안

풍납토성 보존 및 주민 지원에 관한 특별법안
(박인숙의원 대표발의)

의 안 번 호	5833

발의연월일 : 2017. 2. 28.
발 의 자 : 박인숙·이명수·김성원
　　　　　김석기·이군현·김현아
　　　　　여상규·장제원·김세연
　　　　　이현재 의원(10인)

제안이유

　풍납토성은 국가지정문화재로 지정된 초기 백제의 성으로, 적극적인 보존 및 지원을 통해 우리의 문화유산을 보존하고 국가의 문화적 역량을 강화할 수 있는 지역이라 할 수 있음.

　그러나 토성 내부 전체를 사적으로 확대하여 지정하는 것을 추진한 이후 20년이 지난 현재까지도 매입완료한 토지가 전체면적의 29% 수준에 불과하고 매입 토지 중 발굴지역은 30% 수준(2015년 기준)에 머무르는 등 정비사업이 초기 단계에 있어 이에 따른 지역주민의 불만도 증가하고 있음.

　또한, 「문화재보호법」은 개별 문화재의 원형보존에 중점을 두고 있어 풍납토성과 그 주변지역의 역사문화환경을 동시에 보존·관리하는 데 한계가 있음.

　이에 풍납토성을 보존·지원함으로써 풍납토성의 역사정체성을 규명하고 주민과 상생하는 문화도시를 조성하며 나아가 국가의 문화적 역량 강화에 이바지하려는 것임.

주요내용

가. 이 법은 우리 민족의 문화적 자산인 풍납토성의 보존 및 주민 지원에 관하여 필요한 사항을 규정함으로써 우리의 문화유산을 전승시키고 국가의 문화적 역량 강화에 이바지함을 목적으로 함(안 제1조).

나. 문화재청장은 풍납토성 보존·지원을 위하여 5년마다 풍납토성 보존·지원 종합계획을 수립하고, 종합계획에 따라 매년 실시계획을 수립·시행하도록 함(안 제5조).

다. 보존·지원사업을 효율적으로 수행하기 위하여 문화재청에 풍납토성 보존·지원 추진단을 둠(안 제6조).

라. 보존·지원사업을 위한 기초조사, 보존·지원지구 지정, 보존·지원지구의 보호 등을 규정함(안 제7조부터 제9조까지).

마. 서울특별시장은 보존·지원사업에 주거용 건축물을 제공함에 따라 생활의 터전을 잃게 되는 자를 위하여 대통령령으로 정하는 바에 따라 이주대책을 수립·시행하도록 함(안 제11조).

바. 국가 및 지방자치단체는 보존·지원사업이 시행되는 지역주민을 위하여 소득증대사업 등 주민지원사업을 시행하도록 함(안 제13조).

참고사항

이 법률안은 박인숙의원이 대표발의한 「공익사업을 위한 토지 등의 취득 및 보상에 관한 법률 일부개정법률안」(의안번호 제5835호)의 의결을 전제로 하는 것이므로 같은 법률안이 의결되지 아니하거나 수정의결되는 경우에는 이에 맞추어 조정하여야 할 것임.

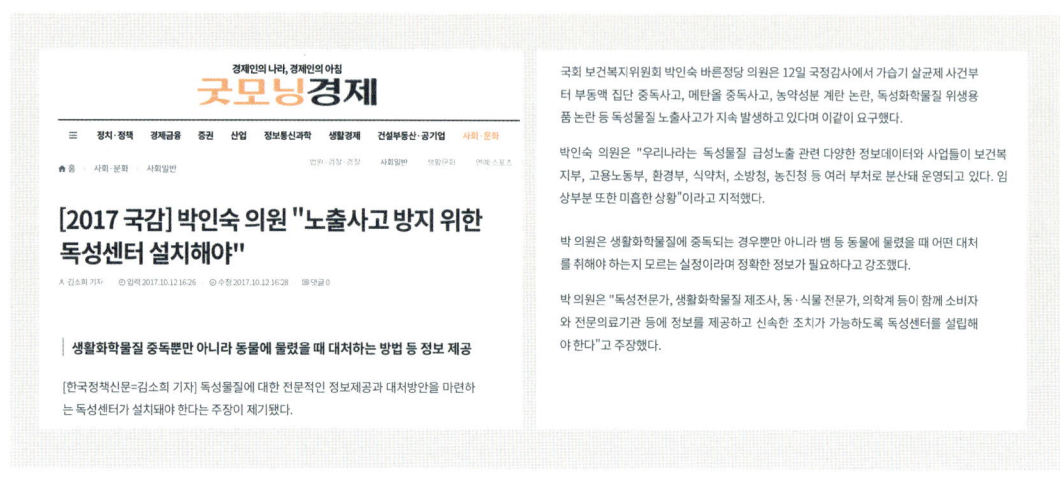

[2017 국감] 박인숙 의원 "노출사고 방지 위한 독성센터 설치해야"
굿모닝경제 2017년 10월 12일

생활화학물질 중독뿐만 아니라 동물에 물렸을 때 대처하는 방법 등 정보 제공

[한국정책신문=김소희 기자] 독성물질에 대한 전문적인 정보제공과 대처방안을 마련하는 독성센터가 설치돼야 한다는 주장이 제기됐다.

국회 보건복지위원회 박인숙 바른정당 의원은 12일 국정감사에서 가습기 살균제 사건부터 부동액 집단 중독사고, 메탄올 중독사고, 농약성분 계란 논란, 독성화학물질 위생용품 논란 등 독성물질 노출사고가 지속 발생하고 있다며 이같이 요구했다.

박인숙 의원은 "우리나라는 독성물질 급성노출 관련 다양한 정보데이터와 사업들이 보건복지부, 고용노동부, 환경부, 식약처, 소방청, 농진청 등 여러 부처로 분산돼 운영되고 있다. 임상부분 또한 미흡한 상황"이라고 지적했다.

박 의원은 생활화학물질에 중독되는 경우뿐만 아니라 뱀 등 동물에 물렸을 때 어떤 대처를 취해야 하는지 모르는 실정이라며 정확한 정보가 필요하다고 강조했다.

박 의원은 "독성전문가, 생활화학물질 제조사, 동·식물 전문가, 의학계 등이 함께 소비자와 전문의료기관 등에 정보를 제공하고 신속한 조치가 가능하도록 독성센터를 설립해야 한다"고 주장했다.

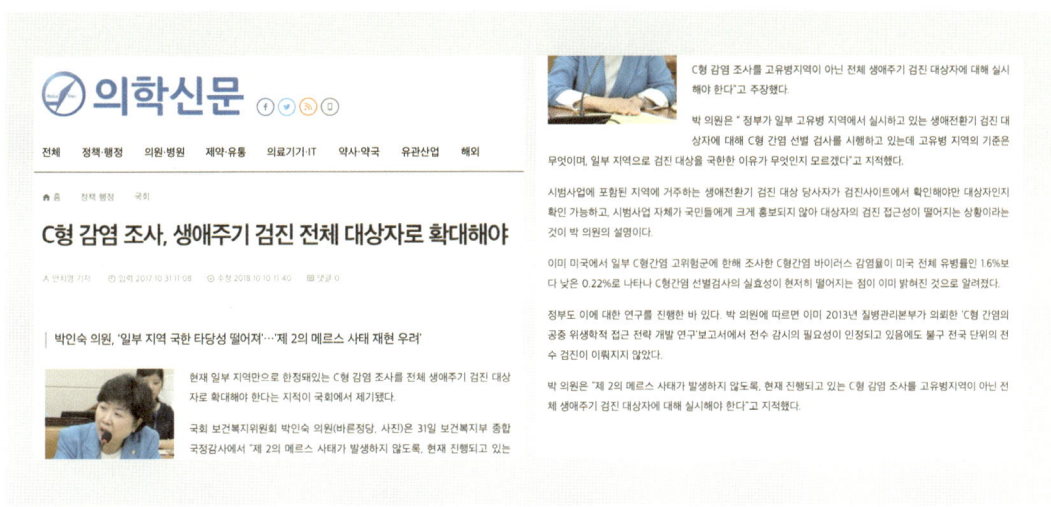

C형 간염 조사, 생애주기 검진 전체 대상자로 확대해야

의학신문 2017년 10월 31일

박인숙 의원, '일부 지역 국한 타당성 떨어져'…'제 2의 메르스 사태 재현 우려'

현재 일부 지역만으로 한정돼있는 C형 간염 조사를 전체 생애주기 검진 대상자로 확대해야 한다는 지적이 국회에서 제기됐다.

국회 보건복지위원회 박인숙 의원(바른정당, 사진)은 31일 보건복지부 종합국정감사에서 "제 2의 메르스 사태가 발생하지 않도록, 현재 진행되고 있는 C형 간염 조사를 고유병지역이 아닌 전체 생애주기 검진 대상자에 대해 실시해야 한다"고 주장했다.

박 의원은 "정부가 일부 고유병 지역에서 실시하고 있는 생애전환기 검진 대상자에 대해 C형 간염 선별 검사를 시행하고 있는데 고유병 지역의 기준은 무엇이며, 일부 지역으로 검진 대상을 국한한 이유가 무엇인지 모르겠다"고 지적했다.

시범사업에 포함된 지역에 거주하는 생애전환기 검진 대상 당사자가 검진사이트에서 확인해야만 대상자인지 확인 가능하고, 시범사업 자체가 국민들에게 크게 홍보되지 않아 대상자의 검진 접근성이 떨어지는 상황이라는 것이 박 의원의 설명이다.

이미 미국에서 일부 C형 간염 고위험군에 한해 조사한 C형 간염 바이러스 감염율이 미국 전체 유병률인 1.6%보다 낮은 0.22%로 나타나 C형 간염 선별검사의 실효성이 현저히 떨어지는 점이 이미 밝혀진 것으로 알려졌다.

정부도 이에 대한 연구를 진행한 바 있다. 박 의원에 따르면 이미 2013년 질병관리본부가 의뢰한 'C형 간염의 공중 위생학적 접근 전략 개발 연구'보고서에서 전수 감시의 필요성이 인정되고 있음에도 불구 전국 단위의 전수 검진이 이뤄지지 않았다.

박 의원은 "제 2의 메르스 사태가 발생하지 않도록, 현재 진행되고 있는 C형 간염 조사를 고유병지역이 아닌 전체 생애주기 검진 대상자에 대해 실시해야 한다"고 지적했다.

국회의원은 하루 24시간, 1년 365일, 언제나 당직

의협신문 2012년 6월 15일

박인숙(새누리당 국회의원·서울 송파갑)

이제 당선된 지 꼭 2달, 공천 받으면서 정치인으로 변신한 지 꼭 3달이 지났고 그동안 참으로 많은 변화가 있었다. 국회의원이 된 소감을 물으면 "최상의 조건이 잘 갖추어진 온실 속에서만 살다가 맹수가 우글거리는 광야로 나왔다."라는 표현을 자주 쓰곤 한다. 나 자신 놀랄 정도로 변신을 거듭하는 것이 급변한 외부 환경에 적응하기 위한 필수과정인 셈이다.

전에는 정치인들, 특히 국회의원들에 대한 비난에 "마음 편하게" 가세하곤 하였다. 그러나 막상 당선돼 국회 울타리 안으로 들어와 보니 이제껏 생각했던 것들과 국회 안에서 일어나는 일들이 너무나 다르다는 것을 깨달으면서 과거에 무심코 했던 비난들에 많은 오류가 있었음을 알게 되었다. 무식한 표현이지만 국회의원 업무를 한마디로 표현하자면 정신노동과 육체노동 모두를 포함한 "중노동도 이런 중노동이 없다"라는 말로 압축할 수 있다.

4월 11일 당선 이후 나라를 바르게 이끌기 위한 법과 제도를 빨리 잘 만들어야 한다는 강박관념에 한시도 긴장을 늦출 수 없다. 그러나 의원 본연의 업무인 국회의 각종 회의와 행사뿐 아니라, 이런 일들 사이사이에 지역구와 각 직능단체 행사에 참석해서 축사를 하면서 '자리를 빛내주고'(?) 지역 학교와 주민을 방문하다 보면 정말 꼭 필요한 공부를 할 시간이 부족한 것이 가장 안타까운 점이다.

이제껏 해오던 공부와는 매우 다른, 정부와 국회조직, 그리고 헌법을 충분히 숙지해야 하고 300명에 이르는 동료 국회의원들과 수많은 중앙과 지역의 당직자들을 파악하고, 지난 18대 국회에서 해결하지 못한 6000 개가 넘는 미결 법안, 그리고 이제껏 구상했던 교육계, 과학계, 의료계, 여성계 등의 산적한 문제들을 개선하기 위한 새 법안들, 매일 들어오는 소소하지만 그렇다고 무시할 수도 없는 지역 민원, 게다가 지난 10여 년이라는 긴 세월로도 해결되지 못한 초대형 지역 민원들 등등, 이런 엄청난 숙제들로 머리가 터질 것만 같다. 물론 하루아침에 해결될 일들은 아니지만 하나하나 그 내용을 들여다보면 바로 지금 이 순간에도 주민과 국민이 고통과 불편을 겪고 있는 사안들이라 하루빨리 해결하고 싶은 마음 간절하다.

시간은 공평하게 누구에게나 24시간만 주어졌으니 잠을 줄이는 수밖에 없지만 4년이라는 장기전에 대비하여 몸과 마음을 건강하게 유지하려면 건강 수면을 너무 많이 희생할 수도 없는 노릇이다. 7명의 보좌진, 2명의 인턴, 2명의 후원회 직원, 시의원, 구의원, 그리고 당원들이 국회의원과 합심해 꼭 필요한 법안을 만들고 지역 민원을 함께 해결해야 하겠지만 국회의원 자신이 내용을 충분히 파악하지 못하면 법안이고 민원이고 절대 제대로 처리될 수 없다는 것은 너무나 자명한 일이다.

시간이 없다고 불평이 나올 때마다 "너무 바빠서 할 일을 못 한다는 것은 우선순위를 잘 못 정한 것이다."라고 어떤 지인이 오래전에 한 말이 항상 머리를 맴돌면서 나 자신을 되돌아 보곤 하였다. 지금 내 머리를 꽉 채우고 있는 일들도 결국 우선순위를 잘 정하고 시간관리를 잘하는 것이 가장 현명한 해결방법일 것이다. 단 그 우선순위를 올바르게 정하는 지혜가 내 머리에 충만하도록 기도를 드린다.

"생명의 환희" 책 서문

생명나무 출판사 2005년 8월 발간

2003년 봄 홍창의 선생님으로부터 이 책을 처음 소개 받은 지 2년 만에 우리나라에서 번역본을 출간하게 되어 대단히 기쁘게 생각합니다. 저는 소아심장 전문의로써 선천성심장기형을 가진 아이들을 돌보다가 최근 태아초음파검사가 급속도로 발전함에 따라 지난 7-8년 전부터는 출생 전 태아의 심장 초음파검사도 산부인과와 같이 시행하고 있습니다. 이 중에는 선천성심장병으로 산전 진단 받고 계획분만 후 신속하고 적절한 치료를 받고 완쾌되어 건강한 삶을 살고 있는 보람되고 기쁜 경우들도 많습니다. 그러나 반대로 고칠 수 있는 기형임에도 불구하고 임신중절수술로 인하여 태어나지도 못하는 안타까운 경우들도 접하게 되었습니다. 또한 기형이 있는지 모르고 출생한 아이가 적절한 치료를 받지 못하거나 심지어는 버려지는 경우도 있습니다. 이러한 상황은 심장 전문의 뿐 아니라 다른 장기의 기형을 다루는 전문의들도 비슷한 경험을 하고 있습니다. 이에 모든 종류의 선천성기형을 전공하는 전문의들이 모여 같이 고민하고 상황을 개선해 보고자 대한선천성기형포럼(Korean Birth Defect Forum. www.kbdf.or.kr)이라는 단체를 만들었고 그 사업의 일환으로 이 책을 발간하게 되었습니다.

평생을 살다보면 불행히도 많은 사람들이 다양한 종류와 다양한 정도의 장애를 가지게 되므로 이 책이 선천성 기형으로 인한 장애 뿐 아니라 후천적으로 생긴 장애로 고통 받는 모든 이들에게도 위안과 도움이 되기를 바랍니다. 아울러 "선천성기형은 곧 장애"라는 잘못된 개념도 고쳐져야 합니다. 현대의 의료기술로 많은 선천성기형은 완치가 가능하며 산전에 발견된 어떤 종류의 기형은 저절로 좋아지거나 없어지는 경우도 있으므로 기형 전문가와의 상담은 이루 말할 수 없이 중요하다고 할 수 있습니다.

출생하기도 전 태아의 모습을 핸드폰 동영상으로 언제든지 볼 수 있을 정도로 발달된 기술 수준에 비해서 생명에 대한 가치관은 이에 못 미치고 있는 것 같습니다. 이러한 국내 현실에 비해서 일본 기독교계에서 선천성기형의 산전 진단이라는 주제를 가지고 생명윤리문제를 이미 오래전부터 심도 있게 토의하고 고민해왔다는 사실이 다행스럽게 생각되며 이 책의 발간을 계기로 이런 문제들이 우리나라에서도 좀더 심도 있게 토의되고 개선되기를 바랍니다.

기독교서적인 관계로 타 종교를 가진 분들이 접하기 어려울까 염려도 되나 생명존중사상은 어떤 종교나 근본적으로 마찬가지라고 생각되어 종교를 초월하여 모든 환자와 가족들에게 이 책이 도움이 되기를 진심으로 바랍니다.

이 책의 발간은 다음에 열거한 여러분들의 헌신적인 기여가 없었으면 불가능했을 것입니다. 이 책을 처음 일본에서 발간하고 우리나라에서의 판권을 무료로 허락해주신 일본 전국기독교장애자단체협의회와 본인들의 개인적인 이야기를 써주신 일본 환자와 그 가족들, 이 책을 처음 저에게 보여주시고 감수까지 해주신 서울대학교 명예교수이자 전 울산의대 교수 홍창의 선생님, 무료로 번역을 해주신 고려대학교 일어일문학과 김춘미 교수님, 원고를 교정해주신 성균관의대 삼성제일병원 영상의학과 송미진 교수님, 출판사를 찾느라 어려움을 겪을 때에 흔쾌히 출판을 맡아주신 생명나무 이준환 사장님에게 깊은 감사를 드립니다.

2005년 8월

12. 보건의료 관련 국회 토론회 개최

날짜	제목	발제자/주최
2018.3.16	연명의료결정법 시행 한달, 제도 정착을 위한 과제는?	이윤성 국가생명정책원 원장 허대석 서울의대 교수
2018.2.6	C형간염 국가건강검진 어떻게 시행할 것인가?	남주현 SBS 기자 최명수 건보공단 건강검진부 부장 정숙향 분당서울대병원 내과 교수
2018.1.23	희귀진환관리접 시행 1년, 앞으로의 과제	오지영 건국대병원 신경과 교수 김성호 한국글로벌의약산업협회전무
2018.1.10	의료분야에서의 블록체인 활용방안 정책 간담회	김주한 서울의대 정보의학 교수 이은솔 메디블록 대표 오상윤 보건복지부 의료정책과장
2017.9.22	건강보험 보장성강화 계획 발표, 기존 포관수가제는 이대로 지속 가능한가?"	강길원 충북대학교 교수
2017.7.17	임상연구 수행의 투명성 확보 및 국민의 알 권리 보장	김현철 이대의대 교수 장윤정 국립암센터 교수
2017.6.14	의대/의전원 정책 제안 긴급진단 군의무장교 복무기간 감축 의사국시 응시료 인하 서남의대 문제의 조속한 해결	의대/의전원 학생협회
2017.3.16	암환자 메디컬푸어 어떻게 막을 것인가?	정경혜 서울아산병원 교수 김봉석전문의 중앙보훈병원 백민환 한국다발성골수종환우회 회장 백진영 한국신장암환우회 회장
2017.2.1	개정 정신보건법의 문제점과 재개정을 위한 공청회	김창윤 서울아산병원 정신의학과 교수 이명수 서울대 소비자학과 교수
2016.12.12	감염병 분류체계 개편을 위한 토론회	송영구 연세의대 감염내과 강민구 보건복지부 질병정책과 사무관"

날짜	주제	발표자
2016.12.9	더 이상 미룰수 없는 심부전 관리체계 대책 수립	최동주 서울의대 내과 교수
2016.12.2	한국의 노인케어 서비스 전문화를 위한 정책 방향	Prof. Shirasawa Masakazu 이봉화 명지대학교 사회복지대학원
2016.11.29	여성공감 국가금연 지원사업에 대한 정책토론회	조소영 강남대학교 교수 이주열 남서울대학교 교수 김현숙 국방부 보건정책과
2016.11.7	노인을 위한 의료제도 개선 공청회 노인의학 전문인력 양성 필요성	최현림 대한노인병학회, 경희의대교수 김록권 대한의사협회 부회장
2016.9.9	노인정액제 개선방향 모색을 위한 공청회	김형수 의협 의료정책연구소 조정실장
2016.9.7	일차의료 강화 발전 방향 : 지역사회일차의료 시범사업 2차년도 평가 및 과제	조정진 한림의대 교수, 시범사업 공동추진위원장 박재현 성균관의대 사회의학교실 교수 조비룡 서울의대 가정의학과 교수
2016.8.18	저출산시대의 이른둥이 지원 정책방향 수립을 위한 정책토론회 : NICU 퇴원 이후 의료비 부담 경감을 중심으로	이진아 신생아학회 조사통계위원장 (서울의대 보라매병원 교수) 최명재 상계백병원 교수
2016.8.5	해운대 교통사고를 통해 본 뇌전증환자 대책 전문가 간담회	대한 뇌전증학회
2016.7.22	중환자실의 생존율 향상을 위한 정책토론회 : 1차중환자실 적정성평가 결과의 의미와 개선 대책	임채만 중환자의학회 회장, 서울아산병원 교수
2015.10.13	의료인 양성대학의 평가인증 의무화 법안의 함의와 과제	한국평가인증기관연합회
2015.3.26	뇌전증 수술의 중증질환등록을 위한 보장성 강화	홍석호 대한 신경외과학회 보험이사
2014.8.28	희귀난치성질환자 쉼터 정책토론회 : 희귀난치성질환 관리법이 왜 중요한가?	신현호 변호사 김종원 삼성병원 교수

날짜	주제	발표자/주관
2013.11.16	세계당뇨의 날 기념 소아당뇨 학술제	한덕종 서울아산병원 교수 박성회 서울대학교 교수
2013.8.29	무너지는 의료공급체계 어떻게 할것인가? -의사중심으로-	손명세 연세대 보건대학원장 교수 오영호 한국보건사회연구원 박사
2013.8.28	의대 한의대 교과과정 통합 가능한가? 의료일원화를 위한 심포지엄	의료리더십포럼 주관
2013.4.17	소아,청소년 비만 관리를 위한 정책 토론회	최병호 경북대학교 소아과 교수
2013.4.15	군의료체계의 개선방안; 군의료체계와 국가의료체계의 통합을 중심으로	조홍식 서울대교수, 전 한국군사사회복지학회 회장 문채봉 한국국방연구원 전문연구위원
2012.12.28	건강보험정책심의위원회 의사결정구조의 문제점 및 개선방안	이평수 의사협회 의료정책연구소 연구위원 이근영 한림대 의대 교수
2012.9.19	보건의료인력양성과 질관리체계 현대화 방안	한국보건의료인 평가원연합회

13. 국회 바이오경제포럼 세미나 개최

제 19대 & 제 20대 국회 연구단체
바이오경제포럼(Bio-Economy Forum) 대표의원

차 수	날 짜	주 제	발 제 자
제1회	2013.3.5	미래 의료와 새로운 성장 엔진	**이제호** 인제의대 교수 (前 대한유전의학회 회장)
제2회	2013.4.15	바이오헬스사업의 문제점과 개선방안	**정기택** 한국보건산업진흥원 원장 (前 경희대학교 의료경영학과 교수)
제3회	2013.5.15	유전체 연구 활성화를 위한 5개 관련 부처 합동 토론회	한국유전체학회
제4회	2013 6.10	보건산업과 빅데이터 : 현재와 미래	**함유근** 교수 (「빅데이터 경영을 바꾸다」 저자)
제5회	2013.7.16	종자산업의 미래 : 성장 가능성과 과제	**박효근** 서울대학교 명예교수
제6회	2013. 8.16	국회만 모르는 생명연구자원법, 뭘 어떻게 바꿔야 하나?	**유장렬** 한국생명공학연구원 바이오인프라 총괄본부장
제7회	2013.9.16	'생명윤리 및 안전에 관한 법률' 왜 개정되었나?	**김명희** 국가생명윤리정책연구원
제8회	2013.11.15	미래성장동력 : 효소공학산업, 그 실태와 넘어야 할 고개	**이대실** 울산대 생명과학부 교수
제9회	2014.1.13	종합 결산 및 보고	자유토론
제10회	2014.2.18	유전체 기반 맞춤의료의 효율적 도입	**김열홍** 고려의대 교수 (前 유전체학회 회장)
제11회	2014.3.14.	의료기술평가제도: 현황과 문제점, 그리고 해결책	**임태환** 한국보건의료연구원 (NECA) 원장
제12회	2014.7.8	의료소비자 주도형 스마트 건강 정보 시스템	**김주한** 서울의대 교수
제13회	2014.8.20	기술개혁의 방향과 과제 : 바이오 분야를 중심으로	**곽노성** 식품안전정보원 원장

제14회	2014.9.12	건강보험 빅데이터 플랫폼 구축을 통한 부가가치 창출 방안	**신순애** 국민건강보험공단 건강관리실장
		보건의료산업 전방에서의 헬스 빅데이터 활용과 산업 가치창조	**박하영** 서울대학교 공과대학 교수
제15회	2014.10.24	첨단기술융합의 총아 의료기기 산업의 현재와 미래	**허 영** 한국산업기술평가관리원 의료기기 PD
제16회	2014.11.27	한국인 죽음의 현황과 웰 다잉을 위한 공동체적 노력	**윤영호** 서울의대 연구부학장
제17회	2015.1.15	나고야 의정서 국내 이행방안과 추진 전략	**남광희** 환경부 자연보전국장
		생물자원 주권과 바이오산업의 발전	**이유미** 국립수목원장
제18회	2015.2.13	의료정보기기 및 서비스 발전전략	**이철희** 서울의대 교수
제19회	2015.3.26	줄기세포, 재생의학, 미래산업	**한용만** KAIST 생명과학교수
제20회	2015.4.20	우리나라 신약개발에 대한 제언	**이종욱** (주)대웅제약 대표이사 사장
제21회	2015.5.21	법이 첨단신약 개발을 저해할 때 : 유전자치료제와 한국에만 있는 규제 사례 연구	**김선영** 서울대 생명과학부 교수 (주)바이로메드 설립자
제22회	2015.7.24	오바마 헬스케어와 글로벌 유전체 비지니스 : 정밀의학으로의 패러다임 전환	**정진행** 서울대의대 분당서울대병원 병리학 교수
제23회	2015.8.19	뉴 실크로드 개발의 걸림돌	**박찬흠** 한림의대 교수, 나노 바이오 재생의학 연구소 소장
제24회	2015.10.30	미래 맞춤의료 조기 실현을 위한 정밀의료 인프라 활용 전략과 과제	**한복기** 질병관리본부 국립보건연구원 유전체센터장
제25회	2015.11.6	한국과 미국의 의료제도 - 효율성의 비교	**김태형** 미국 Emory대학교 명예교수 (前 서울아산병원 교수)
제26회	2016.5.12	국회바이오전문가포럼 19대 활동 총정리와 20대 국회에서의 활동방향에 관한 토론	자유토론
제27회	2016.6.10	가습기 살균제 사태, 어떻게 해결해야 하나?	**정진호** 서울대 약대 교수 (前 한국독성학회 회장)

제28회	2016.6.24	신바이오 혁명을 선도하는 유전자 가위 기술(CRISPR)	**김진수** 기초과학연구원 유전체교정 연구단장
제29회	2016.8.31	CRISPR 유전자가위 기술 연구개발, 무엇이 문제인가?	**김진수** 기초과학연구원 유전체교정 연구단장 **김미경** 샤인바이오 사업전략 이사 (한국변리사, 미국변호사)
제30회	2016.10.24	의약품 부작용 방지를 위한 새로운 약물감시체계 및 약물유전학	**김주한** 서울의대 교수
제31회	2016.11.21	농작물 유전자교정 (CROP BREEDING BY GENOME EDITING)	**김주곤** 서울대 국제농업기술대학원 교수
제32회	2017.5.18	신정부 바이오 과학기술 발전 방향 - 바이오 R&D 성과, 현황 및 미래전략	**최윤희** 산업연구원 선임연구위원
제33회	2017.6.30	재생의료의 규제 합리화	**김현철** 이대 법대 교수 **양윤선** 메디포스트 대표이사
제34회	2017.8.22	바이오산업 활성화 : 공공 및 민간 투자 전략	**묵현상** KDDF 사업단장
제35회	2017.9.10	'바이오안전성대중커뮤니케이션' 무엇이 문제인가?	**신동화** 전북대 명예교수 **경규항** 세종대 명예교수
제36회	2017.9.28	맞춤 의료의 꽃, 분자진단산업 - 핵심이슈 및 전략	**천종윤** (주)씨젠 회장
제37회	2017.11.3	바이오 의약품의 스마트 규제	**손여원** 前 식품의약품안전평가원장
제38회	2018.2.2	스마트한 신의료기술 평가	**이영성** NECA 원장 **김준연** SK텔레콤 헬스케어사업본부장
제39회	2018.3.27	고가 항암제 무엇이 문제인가, 의료접근성 VS 재정안정성	**김열홍** 고대 의대 교수
제40회	2018.5.19	건강의료 빅데이터 구축을 위한 개인정보 보호법제	**구태언** 태크앤로 대표 **유소영** 서울아산병원 박사
제41회	2018.7.3	건강의료 분야 빅데이터 공유와 개인정보	**이은솔** 메디블록 대표 **신수용** 성균관대 삼성융합의과학원 디지털 헬스학과 교수
제42회	2018.9.4	건강의료정보 플랫폼구축 촉진 및 확산 방안	**최수진** OCI 바이오사업본부장 **박하영** 서울대 공대 교수

제43회	2018.10.2	Green Bio 산업 활성화 및 GMO 안전성 확보 방안	**성동열** LG박사 **이효연** 제주대 교수
제44회	2018.12.6	임상시험에 관한 규제 합리화	**방영주** 서울의대 내과 교수 **이일섭** GSK 부사장
제45회	2019.1.23	마이크로옴 신산업 창출, 무엇을 준비해야 하는가	**고광표** 서울대학교 보건대학원 교수 **김윤근** MD헬스케어 대표
제46회	2019.4.12	생명윤리 비전과 발전 방안, 생명공학 신기술과 조화	**이윤성** 국가생명윤리정책원장 **송기원** 연세대 교수
제47회	2019.12.6	한국의료 진단 및 발전방향 모색	**김대하** 대한의사협회 홍보이사/의무이사 **박현미** 고려대학교 안암병원 교수

※ 본 포럼은 2013년 3월 「국회 Bio-Industry Forum」으로 시작해 2014년 11월 국회의원 연구단체로 정식 등록하여 2016년까지 「국회바이오전문가포럼」으로 활동하였음.

※ 제20대 국회(2016.6)부터 「국회바이오경제포럼」으로 명칭을 변경하였음.

14. 약력 및 저서

학력
- 1955 ~ 1961   서울 일신 초등학교
- 1961 ~ 1964   경기여자 중학교
- 1964 ~ 1967   경기여자 고등학교
- 1967 ~ 1969   서울대학교 문리과대학 의예과
- 1969 ~ 1973   서울대학교 의과대학 의학과

경력

1973. 3 ~ 1974. 2	서울대학교 의과대학 부속병원 인턴
1975. 7 ~ 1978. 6	미국 Texas 주 휴스턴 Baylor의대 부속Texas Children's Hospital, Ben Taub General Hospital, Jefferson Davis Hospital, St. Luke Hospital, VA Hospital. 소아과 레지던트
1978. 7 ~ 1987. 6	미국 Texas 주 휴스턴 Baylor 의대 부속 Texas Children's Hospital & Texas Heart Institute 소아심장 fellow & 임상 조교수
1984. 4 ~ 1984. 5	사우디 아라비아 Riyahd Military Hospital 소아심장 Consultant
1987. 7 ~ 1988. 6	인제의대 서울 백병원 소아심장과 부교수
1988. 7 ~ 1988.12	미국 Texas 주 휴스턴 Baylor 의대 부속 Children's Hospital & Texas Heart Institute 방문교수
1989. 3 ~ 2012. 3	울산대학교 의과대학 서울아산병원 소아심장과 교수, 소아심장 분과장 (1996~2002), 선천성심장병 센터장(2011~2012)
2004. 3 ~ 2006. 2	울산의대 (직선제) 학장
2012. 9 ~ 현재	울산대학교 의과대학 명예교수
2021. 2 ~ 현재	구로 우리아이들 병원 명예원장 & 진료의사(소아심장)
2010 ~ 현재	대한민국 의학 한림원 정회원
2001.12 ~ 2011. 3	보건복지부 선천성기형 및 유전질환 유전체연구센터장

2006. 1 ~ 2010. 1   보건복지부 질병관리본부 희귀난치성질환 센터장
2008. 5 ~ 2010. 7   아시아-태평양 소아심장학회 회장
2009.12 ~ 2010.12   세계소아심장학회 (서울)유치위원장
2010 ~ 2012   Editorial Board, World Journal for Pediatric and Congenital Heart Surgery
2009. 8 ~ 2012. 3   국제보건의료재단(KOFIH) 이사
2004 ~ 2007   보건의료인 국가시험원(국시원) 외국대학 인정심의위원회 위원
2009.12 ~ 2010.12   보건복지부 '의사면허제도 개선' 위원회 위원
2002.12 ~ 현재   사회복지법인 중증장애인시설 거제도애광원 이사 겸 의료고문
2011. 1 ~ 2012. 1   대통령직속 사회통합위원회 위원
2009. 5 ~ 2012. 2   산업안전보건공단 비상임 이사
2011.12 ~ 2012. 4   한국여성과학기술단체 총연합회 부회장
2012 ~ 2014   한국여자의사회 회장

국회 활동

제 19대 국회의원 2012~2016 (서울 송파 갑)

2012. 5 ~ 2013. 5   교육과학위원회 위원
2013. 5 ~ 2014. 4   교육문화체육관광위원회 위원
2014. 5 ~ 2015. 6   안전행정위원회 위원
2015. 6 ~ 2016. 5   교육문화체육관광위원회 위원
2014. 5 ~ 2016. 5   운영위원회 위원
2012. 5 ~ 2016. 5   윤리특별위원회 위원
2014. 5 ~ 2015. 1   새누리당 원내부대표

국회 성폭력특별위원회 위원
국회 대법관 인사청문회 위원
새누리당 군의료개선 특별위원회 위원
새누리당 가습기 살균제 국정조사 특별위원회 위원
새누리당 MERS 대책위원회 위원

제 20대 국회의원 2016~2020 (서울 송파 갑)

2016. 5 ~ 2018. 5   보건복지위원회 위원 & 간사
2018. 5 ~ 2020. 6   문화체육관광위원회 위원 & 간사
2017. 1 ~ 2017. 12   여성가족위원회 위원 & 간사

2017. 2 ~ 2017.12   바른정당 정책위원회 부의장 & 최고위원
미세먼지 대책 특별위원회 위원

수상(2012년 이전)

2001. 3   제34회 동아의료저작상("선천성심장병" 고려의학) 대한의사협회
              (Pictorial Textbook of Congenital Heart Disease)
2008.3   보령의료봉사상 대한의사협회
2008.4   의약사평론가상 (의학신문사)
2011.10   (삼성생명) 비추미 여성대상(별리상) 수상

국회 활동 및 수상 (2012~2020)

법안 대표발의 284건 (19대 국회 140건, 20대 국회 144건)
입법 및 정책개발 우수 국회의원 수상 32회 (19대 국회 14회, 20대 국회 18회)
'제3회 대한민국 최우수 법률상' 수상 (머니투데이 주최, 지하안전관리에 관한 특별법/제정법)
입법활동 정량·정성평가 우수상 수상(국회의장 상) 2015년 & 2016년
국회의정활동 종합평가 상위 5% (제 20대 국회 3년 차)
국회 본회의 출석률 89.5%(19대 91.4%, 20대 87.1%)
토론회 개최 및 자료집 발간 217회

박인숙 저서

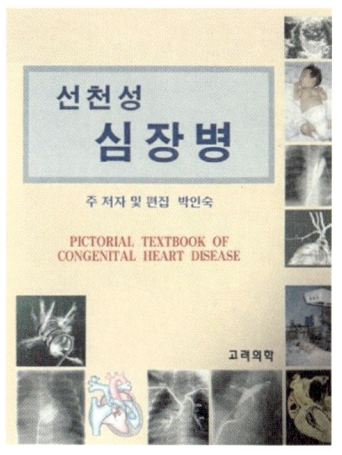

선천성 심장병
Pictorial Textbook of Congenital Heart Disease

제 1판 / 대표저자 박인숙 / 고려의학
2001년 2월 5일 / 956 쪽
ISBN 89-7043-277-9
동아의료 저작상 수상(동아제약 & 의사협회 추최)

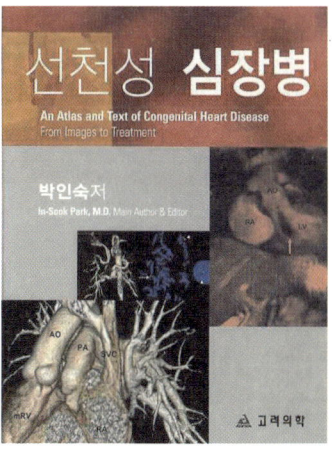

선천성 심장병
Pictorial Textbook of Congenital Heart Disease

제 2판 / 박인숙 지음 / 고려의학
2008년 9월 / 1097 쪽
ISBN 9788970436418

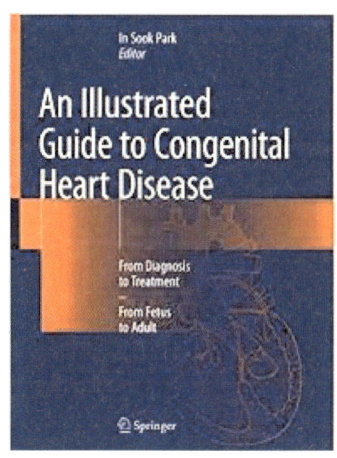

An Illustrated Guide to Congenital Heart Disease

In Sook Park
Springer Nature Singapore Pte. Ltd.
25 July 2019 / 705 page
ISBN 978-981-13-6977-3

박인숙 저서

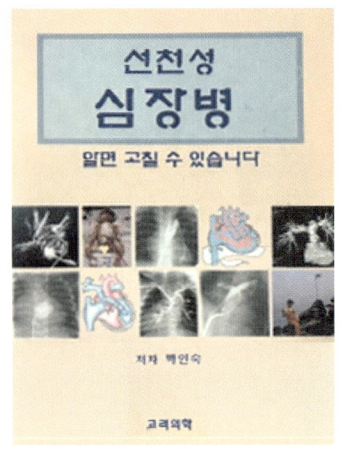

선천성 심장병 알면 고칠 수 있습니다.

제 1판 / 저자 박인숙 / 고려의학
2001년 1월 30일 / 201 쪽
ISBN 89-7013-365-1

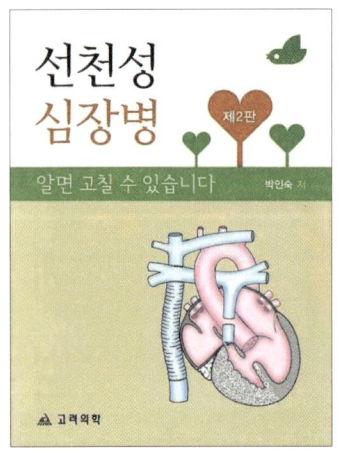

선천성 심장병 알면 고칠 수 있습니다.

제 2판 / 저자 박인숙 / 고려의학
2009년 5월 20일 / 258 쪽
ISBN 978-89-7043-701-9

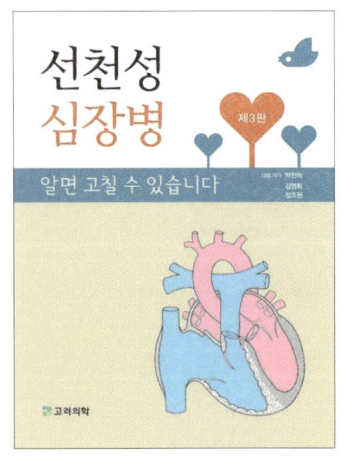

선천성 심장병 알면 고칠 수 있습니다.

제 3판 / 대표저자 박인숙, 공저자 김영휘, 정조원 / 고려의학
2023년 4월 30일 / 232 쪽
ISBN 979-11-92422-28-2

박인숙 저서

바보의사 박인숙의
끝나지 않은 성장통 이야기

박인숙 지음 / 고려의학
2011년 11월 10일 / 367 쪽
ISBN 978-89-7043-847-4

바보의사 박인숙의
끝나지 않은 성장통 이야기

박인숙 지음 / 세창미디어
2012년 9월 5일 / 295 쪽
ISBN 978-5586-153-2

박인숙 저서

박인숙의 '라떼 이야기'

박인숙 지음 / 도서출판 청원
2023년 3월 17일 / 223 쪽
ISBN 979-11-979928-1-0

생명의 환희, 출생 전 진단을 둘러싸고

일본 전국기독교장애자단체협의회 편,
박인숙 엮음, 김춘미 옮김, 홍창의 감수 / 생명나무
2005년 8월 15일 / 251쪽
ISBN 89-954747-2-6

홈페이지	www.parkinsook.com
홈페이지	www.parkinsook.co.kr
블로그	Blog.naver.com/ispark0530
페북	ispark0530
E mail	ispark0530@gmail.com

의사 박인숙의 국회노트
대한민국 의료의 과거, 현재, 미래

초 판 2023년 10월 22일
지은이 박인숙
펴낸이 유수현
주 간 권형균
편집장 권형균
디자인 김윤효

펴낸곳 도서출판 청원
주 소 서울시 영등포구 국회대로 800 여의도파라곤 612호
전 화 02-6672-3030   **이메일** ggcs@ggcskorea.com
등록번호 제 2010-000175 호 **등록일자** 2010년 12월 9일

ISBN 979-11-979928-2-7

ⓒ 2023 박인숙(저작권자와 맺은 특약에 따라 검인을 생략합니다)

- 이 책은 저작권법에 따라 보호받는 저작물이므로 무단전재 및 무단복제를 금지하며, 이 책 내용의 전부 또는 일부를 이용하려면 반드시 저작권자와 도서출판 청원의 서면동의를 받아야 합니다.
- 이 도서는 국립중앙도서관 출판시도서목록은 서지정보유통지원지원시스템 홈페이지 (http://seoji.nl.go.kr)와 국가자료종합목록구축시스템(http://www.nl.go.kr)에서 이용하실 수 있습니다.
- 잘못된 책은 구입하신 서점에서 바꿔드립니다.
- 책값은 뒷표지에 있습니다.